MAXIMES

LA ROCHEFOUCAULD

Maximes

LA ROCHEFOUCAULD
(1613-1680)

Descendant de l'une des plus anciennes maisons de France (certains la rattachent à un roi des Francs en 420), François de La Rochefoucauld naît à Paris le 15 septembre 1613. Son père est un gouverneur du Poitou apprécié de Richelieu ; en 1622, le comté de La Rochefoucauld est élevé en duché-pairie, le plus haut titre du royaume.

A 15 ans, François est marié à une cousine dont il aura un fils six ans plus tard, puis cinq autres enfants. On ignore presque tout de cette discrète épouse : dans ses écrits ultérieurs, La Rochefoucauld ne la mentionnera jamais. A 16 ans, il entre dans l'armée, devient l'amant de la duchesse de Chevreuse, complote avec elle et se retrouve à la Bastille sur l'ordre de Richelieu. A la mort de Richelieu, et de Louis XIII, la haute noblesse française croit qu'a sonné l'heure de son retour au pouvoir. Mais la régente Anne d'Autriche choisit Mazarin. C'est la Fronde. La Rochefoucauld est amoureux de la sœur du prince de Condé, la duchesse de Longueville, égérie des Frondeurs, dont il aura un fils.

Pour mériter son cœur, pour plaire à ses beaux yeux,
J'ai fait la guerre aux rois, je l'aurais faite aux dieux...
écrira La Rochefoucauld. Il se bat contre les troupes

royales, s'endette pour lever des troupes, a son châ-
teau de Verteuil rasé sur ordre de la reine (il sera
reconstruit en 1676)...

Mais, soupçonnant sa maîtresse d'infidélité, il
rompt avec elle, et rentre dans le rang. Les troupes
royales, commandées par Turenne, ont eu raison des
rebelles, après cinq ans de guerre. Mme de Longueville est entrée au couvent, et La Rochefoucauld,
ayant abandonné la politique, reprend les armes
pour participer aux campagnes royales.

Quand il ne guerroie pas, il se mêle de littérature.
Intime de Mme de Sévigné et de Mme de La Fayette
(avec laquelle, semble-t-il, il entretiendra une liaison
amoureuse et littéraire), il participe à la vie des
salons, où l'on apprécie sa conversation et son pessi-
misme « raisonnable », et commence la rédaction de
ses *Maximes*, ainsi qu'une Histoire secrète de la
Fronde qui povoquera, lors de sa parution en Hollande un scandale à Paris. La première édition des
Maximes est publiée en 1665. Les beaux esprits —
jusqu'à la reine Christine de Suède — commentent
abondamment l'ouvrage.

En 1667, à 54 ans, souffrant de la goutte, il fait ses
adieux aux armes, lors du siège de Lille, et se
consacre à ses amis, et aux nouvelles éditions de ses
Maximes. Une série de deuils l'éprouve. Sa femme
meurt en 1670, puis, en 1672, sa mère, et deux de ses
fils (dont le jeune duc de Longueville, son préféré),
lors de combats au passage du Rhin (où son fils aîné
est aussi gravement blessé). Il refuse d'entrer à l'Aca-
démie française sous prétexte d'avoir peur de faire
un discours en public. Lui, l'ancien harangueur de
soldats de la Fronde ! En fait, il n'a pas envie d'y
retrouver ses anciens ennemis de la Fronde, ni de
devoir encenser Louis XIV ; il est certes fidèle à son
roi, mais de là à l'idolâtrer...

Le 17 mars 1680, un an après la mort de Mme de Longueville, il s'éteint, veillé par Mme de La Fayette. Bossuet lui a administré les derniers sacrements. La France perd avec lui l'un des derniers représentants de cette grande noblesse turbulente qui a cru, pendant des siècles, reconquérir un pouvoir perdu au profit de la royauté, mais le « Grand Siècle », dont il a été l'un des fleurons, passera, grâce à lui, à la postérité.

Réflexions morales

*Nos vertus ne sont, le plus souvent,
que des vices déguisés. [V.]*

1

Ce que nous prenons pour des vertus n'est souvent qu'un assemblage de diverses actions et de divers intérêts, que la fortune ou notre industrie savent arranger ; et ce n'est pas toujours par valeur et par chasteté que les hommes sont vaillants, et que les femmes sont chastes. [V.]

2

L'amour-propre est le plus grand de tous les flatteurs.

3

Quelque découverte que l'on ait faite dans le pays de l'amour-propre, il y reste encore bien des terres inconnues.

4

L'amour-propre est plus habile que le plus habile homme du monde.

5

La durée de nos passions ne dépend pas plus de nous que la durée de notre vie.

6

La passion fait souvent un fou du plus habile homme, et rend souvent les plus sots habiles.

7

Ces grandes et éclatantes actions qui éblouissent les yeux sont représentées par les politiques comme les effets des grands desseins, au lieu que ce sont d'ordinaire les effets de l'humeur et des passions. Ainsi la guerre d'Auguste et d'Antoine, qu'on rapporte à l'ambition qu'ils avaient de se rendre maîtres du monde, n'était peut-être qu'un effet de jalousie.

8

Les passions sont les seuls orateurs qui persuadent toujours. Elles sont comme un art de la nature dont les règles sont infaillibles ; et l'homme le plus simple qui a de la passion persuade mieux que le plus éloquent qui n'en a point.

9

Les passions ont une injustice et un propre intérêt qui fait qu'il est dangereux de les suivre, et qu'on s'en doit défier lors même qu'elles paraissent les plus raisonnables. [V.]

10

Il y a dans le cœur humain une génération perpétuelle de passions, en sorte que la ruine de l'une est presque toujours l'établissement d'une autre.

11

Les passions en engendrent souvent qui leur sont contraires. L'avarice produit quelquefois la prodigalité, et la prodigalité l'avarice ; on est souvent ferme par faiblesse, et audacieux par timidité.

12

Quelque soin que l'on prenne de couvrir ses passions par des apparences de piété et d'honneur, elles paraissent toujours au travers de ces voiles.

13

Notre amour-propre souffre plus impatiemment la condamnation de nos goûts que de nos opinions.

14

Les hommes ne sont pas seulement sujets à perdre le souvenir des bienfaits et des injures ; ils haïssent même ceux qui les ont obligés, et cessent de haïr ceux qui leur ont fait des outrages. L'application à récompenser le bien, et à se venger du mal, leur paraît une servitude à laquelle ils ont peine de se soumettre.

15

La clémence des princes n'est souvent qu'une politique pour gagner l'affection des peuples.

16

Cette clémence dont on fait une vertu se pratique tantôt par vanité, quelquefois par paresse, souvent par crainte, et presque toujours par tous les trois ensemble. [V.]

17

La modération des personnes heureuses vient du calme que la bonne fortune donne à leur humeur.

18

La modération est une crainte de tomber dans l'envie et dans le mépris que méritent ceux qui s'enivrent de leur bonheur ; c'est une vaine ostentation de la force de notre esprit ; et enfin la modération des hommes dans leur plus haute élévation est un désir de paraître plus grands que leur fortune.

19

Nous avons tous assez de force pour supporter les maux d'autrui.

20

La constance des sages n'est que l'art de renfermer leur agitation dans le cœur.

21

Ceux qu'on condamne au supplice affectent quelquefois une constance et un mépris de la mort qui n'est en effet que la crainte de l'envisager. De sorte qu'on peut dire que cette constance et ce mépris sont à leur esprit ce que le bandeau est à leurs yeux.

22

La philosophie triomphe aisément des maux passés et des maux à venir. Mais les maux présents triomphent d'elle.

23

Peu de gens connaissent la mort. On ne la souffre pas ordinairement par résolution, mais par stupidité et par coutume ; et la plupart des hommes meurent parce qu'on ne peut s'empêcher de mourir.

24

Lorsque les grands hommes se laissent abattre par la longueur de leurs infortunes, ils font voir qu'ils ne les soutenaient que par la force de leur ambition, et non par celle de leur âme, et qu'à une grande vanité près les héros sont faits comme les autres hommes.

25

Il faut de plus grandes vertus pour soutenir la bonne fortune que la mauvaise.

26

Le soleil ni la mort ne se peuvent regarder fixement.

27

On fait souvent vanité des passions même les plus criminelles ; mais l'envie est une passion timide et honteuse que l'on n'ose jamais avouer.

28

La jalousie est en quelque manière juste et raisonnable, puisqu'elle ne tend qu'à conserver un bien qui nous appartient, ou que nous croyons nous appartenir ; au lieu que l'envie est une fureur qui ne peut souffrir le bien des autres.

29

Le mal que nous faisons ne nous attire pas tant de persécution et de haine que nos bonnes qualités.

30

Nous avons plus de force que de volonté ; et c'est souvent pour nous excuser à nous-mêmes que nous nous imaginons que les choses sont impossibles.

31

Si nous n'avions point de défauts, nous ne prendrions pas tant de plaisir à en remarquer dans les autres.

32

La jalousie se nourrit dans les doutes, et elle

devient fureur, ou elle finit, sitôt qu'on passe du doute à la certitude. [V.]

33

L'orgueil se dédommage toujours et ne perd rien lors même qu'il renonce à la vanité.

34

Si nous n'avions point d'orgueil, nous ne nous plaindrions pas de celui des autres.

35

L'orgueil est égal dans tous les hommes, et il n'y a de différence qu'aux moyens et à la manière de le mettre au jour.

36

Il semble que la nature, qui a si sagement disposé les organes de notre corps pour nous rendre heureux, nous ait aussi donné l'orgueil pour nous épargner la douleur de connaître nos imperfections.

37

L'orgueil a plus de part que la bonté aux remontrances que nous faisons à ceux qui commettent des fautes ; et nous ne les reprenons pas tant pour les en corriger que pour leur persuader que nous en sommes exempts.

38

Nous promettons selon nos espérances, et nous tenons selon nos craintes.

39

L'intérêt parle toutes sortes de langues, et joue toutes sortes de personnages, même celui de désintéressé.

40

L'intérêt, qui aveugle les uns, fait la lumière des autres.

41

Ceux qui s'appliquent trop aux petites choses deviennent ordinairement incapables des grandes.

42

Nous n'avons pas assez de force pour suivre toute notre raison.

43

L'homme croit souvent se conduire lorsqu'il est conduit ; et pendant que par son esprit il tend à un but, son cœur l'entraîne insensiblement à un autre.

44

La force et la faiblesse de l'esprit sont mal nommées ; elles ne sont en effet que la bonne ou la mauvaise disposition des organes du corps.

45

Le caprice de notre humeur est encore plus bizarre que celui de la fortune.

46

L'attachement ou l'indifférence que les philosophes avaient pour la vie n'était qu'un goût de leur amour-propre, dont on ne doit non plus disputer que du goût de la langue ou du choix des couleurs.

47

Notre humeur met le prix à tout ce qui nous vient de la fortune.

48

La félicité est dans le goût et non pas dans les choses ; et c'est par avoir ce qu'on aime qu'on est heureux, et non par avoir ce que les autres trouvent aimable.

49

On n'est jamais si heureux ni si malheureux qu'on s'imagine.

50

Ceux qui croient avoir du mérite se font un honneur d'être malheureux, pour persuader aux autres et à eux-mêmes qu'ils sont dignes d'être en butte à la fortune.

51

Rien ne doit tant diminuer la satisfaction que nous

avons de nous-mêmes, que de voir que nous désapprouvons dans un temps ce que nous approuvions dans un autre.

52

Quelque différence qui paraisse entre les fortunes, il y a néanmoins une certaine compensation de biens et de maux qui les rend égales.

53

Quelques grands avantages que la nature donne, ce n'est pas elle seule, mais la fortune avec elle qui fait les héros.

54

Le mépris des richesses était dans les philosophes un désir caché de venger leur mérite de l'injustice de la fortune par le mépris des mêmes biens dont elle les privait ; c'était un secret pour se garantir de l'avilissement de la pauvreté ; c'était un chemin détourné pour aller à la considération qu'ils ne pouvaient avoir par les richesses.

55

La haine pour les favoris n'est autre chose que l'amour de la faveur. Le dépit de ne la pas posséder se console et s'adoucit par le mépris que l'on témoigne de ceux qui la possèdent ; et nous leur refusons nos hommages, ne pouvant pas leur ôter ce qui leur attire ceux de tout le monde.

56

Pour s'établir dans le monde, on fait tout ce que l'on peut pour y paraître établi.

57

Quoique les hommes se flattent de leurs grandes actions, elles ne sont pas souvent les effets d'un grand dessein, mais des effets du hasard.

58

Il semble que nos actions aient des étoiles heureuses ou malheureuses à qui elles doivent une grande partie de la louange et du blâme qu'on leur donne.

59

Il n'y a point d'accidents si malheureux dont les habiles gens ne tirent quelque avantage, ni de si heureux que les imprudents ne puissent tourner à leur préjudice.

60

La fortune tourne tout à l'avantage de ceux qu'elle favorise.

61

Le bonheur et le malheur des hommes ne dépend pas moins de leur humeur que de la fortune.

62

La sincérité est une ouverture de cœur. On la trouve en fort peu de gens ; et celle que l'on voit d'ordinaire n'est qu'une fine dissimulation pour attirer la confiance des autres.

63

L'aversion du mensonge est souvent une imperceptible ambition de rendre nos témoignages considérables, et d'attirer à nos paroles un respect de religion.

64

La vérité ne fait pas tant de bien dans le monde que ses apparences y font de mal.

65

Il n'y a point d'éloges qu'on ne donne à la prudence. Cependant elle ne saurait nous assurer du moindre événement. [V.]

66

Un habile homme doit régler le rang de ses intérêts et les conduire chacun dans son ordre. Notre avidité le trouble souvent en nous faisant courir à tant de choses à la fois que, pour désirer trop les moins importantes, on manque les plus considérables.

67

La bonne grâce est au corps ce que le bon sens est à l'esprit.

68

Il est difficile de définir l'amour. Ce qu'on en peut dire est que dans l'âme c'est une passion de régner, dans les esprits c'est une sympathie, et dans le corps ce n'est qu'une envie cachée et délicate de posséder ce que l'on aime après beaucoup de mystères.

69

S'il y a un amour pur et exempt du mélange de nos autres passions, c'est celui qui est caché au fond du cœur, et que nous ignorons nous-mêmes.

70

Il n'y a point de déguisement qui puisse longtemps cacher l'amour où il est, ni le feindre où il n'est pas.

71

Il n'y a guère de gens qui ne soient honteux de s'être aimés quand ils ne s'aiment plus.

72

Si on juge de l'amour par la plupart de ses effets, il ressemble plus à la haine qu'à l'amitié.

73

On peut trouver des femmes qui n'ont jamais eu de galanterie, mais il est rare d'en trouver qui n'en aient jamais eu qu'une.

74

Il n'y a que d'une sorte d'amour, mais il y en a mille différentes copies.

75

L'amour aussi bien que le feu ne peut subsister sans un mouvement continuel ; et il cesse de vivre dès qu'il cesse d'espérer ou de craindre.

76

Il est du véritable amour comme de l'apparition des esprits : tout le monde en parle, mais peu de gens en ont vu.

77

L'amour prête son nom à un nombre infini de commerces qu'on lui attribue, et où il n'a non plus de part que le Doge à ce qui se fait à Venise.

78

L'amour de la justice n'est en la plupart des hommes que la crainte de souffrir l'injustice.

79

Le silence est le parti le plus sûr de celui qui se défie de soi-même.

80

Ce qui nous rend si changeants dans nos amitiés,

c'est qu'il est difficile de connaître les qualités de l'âme, et facile de connaître celles de l'esprit.

81

Nous ne pouvons rien aimer que par rapport à nous, et nous ne faisons que suivre notre goût et notre plaisir quand nous préférons nos amis à nous-mêmes ; c'est néanmoins par cette préférence seule que l'amitié peut être vraie et parfaite.

82

La réconciliation avec nos ennemis n'est qu'un désir de rendre notre condition meilleure, une lassitude de la guerre, et une crainte de quelque mauvais événement.

83

Ce que les hommes ont nommé amitié n'est qu'une société, qu'un ménagement réciproque d'intérêts, et qu'un échange de bons offices ; ce n'est enfin qu'un commerce où l'amour-propre se propose toujours quelque chose à gagner. [V.]

84

Il est plus honteux de se défier de ses amis que d'en être trompé.

85

Nous nous persuadons souvent d'aimer les gens

plus puissants que nous ; et néanmoins c'est l'intérêt seul qui produit notre amitié. Nous ne nous donnons pas à eux pour le bien que nous leur voulons faire, mais pour celui que nous en voulons recevoir.

86

Notre défiance justifie la tromperie d'autrui.

87

Les hommes ne vivraient pas longtemps en société s'ils n'étaient les dupes les uns des autres.

88

L'amour-propre nous augmente ou nous diminue les bonnes qualités de nos amis à proportion de la satisfaction que nous avons d'eux ; et nous jugeons de leur mérite par la manière dont ils vivent avec nous.

89

Tout le monde se plaint de sa mémoire, et personne ne se plaint de son jugement.

90

Nous plaisons plus souvent dans le commerce de la vie par nos défauts que par nos bonnes qualités.

91

La plus grande ambition n'en a pas la moindre

apparence lorsqu'elle se rencontre dans une impossibilité absolue d'arriver où elle aspire.

92

Détromper un homme préoccupé de son mérite est lui rendre un aussi mauvais office que celui que l'on rendit à ce fou d'Athènes, qui croyait que tous les vaisseaux qui arrivaient dans le port étaient à lui.

93

Les vieillards aiment à donner de bons préceptes, pour se consoler de n'être plus en état de donner de mauvais exemples.

94

Les grands noms abaissent, au lieu d'élever, ceux qui ne les savent pas soutenir.

95

La marque d'un mérite extraordinaire est de voir que ceux qui l'envient le plus sont contraints de le louer.

96

Tel homme est ingrat, qui est moins coupable de son ingratitude que celui qui lui a fait du bien.

97

On s'est trompé lorsqu'on a cru que l'esprit et le

jugement étaient deux choses différentes. Le jugement n'est que la grandeur de la lumière de l'esprit ;
cette lumière pénètre le fond des choses ; elle y
remarque tout ce qu'il faut remarquer et aperçoit
celles qui semblent imperceptibles. Ainsi il faut
demeurer d'accord que c'est l'étendue de la lumière
de l'esprit qui produit tous les effets qu'on attribue
au jugement.

98

Chacun dit du bien de son cœur, et personne n'en
ose dire de son esprit.

99

La politesse de l'esprit consiste à penser des
choses honnêtes et délicates.

100

La galanterie de l'esprit est de dire des choses
flatteuses d'une manière agréable.

101

Il arrive souvent que des choses se présentent plus
achevées à notre esprit qu'il ne les pourrait faire avec
beaucoup d'art. [V.]

102

L'esprit est toujours la dupe du cœur.

103

Tous ceux qui connaissent leur esprit ne
connaissent pas leur cœur.

104

Les hommes et les affaires ont leur point de perspective. Il y en a qu'il faut voir de près pour en bien juger, et d'autres dont on ne juge jamais si bien que quand on en est éloigné.

105

Celui-là n'est pas raisonnable à qui le hasard fait trouver la raison, mais celui qui la connaît, qui la discerne, et qui la goûte.

106

Pour bien savoir les choses, il en faut savoir le détail ; et comme il est presque infini, nos connaissances sont toujours superficielles et imparfaites.

107

C'est une espèce de coquetterie de faire remarquer qu'on n'en fait jamais.

108

L'esprit ne saurait jouer longtemps le personnage du cœur.

109

La jeunesse change ses goûts par l'ardeur du sang, et la vieillesse conserve les siens par l'accoutumance.

110

On ne donne rien si libéralement que ses conseils.

111

Plus on aime une maîtresse, et plus on est près de la haïr.

112

Les défauts de l'esprit augmentent en vieillissant comme ceux du visage.

113

Il y a de bons mariages, mais il n'y en a point de délicieux.

114

On ne se peut consoler d'être trompé par ses ennemis, et trahi par ses amis ; et l'on est souvent satisfait de l'être par soi-même.

115

Il est aussi facile de se tromper soi-même sans s'en apercevoir qu'il est difficile de tromper les autres sans qu'ils s'en aperçoivent.

116

Rien n'est moins sincère que la manière de demander et de donner des conseils. Celui qui en demande paraît avoir une déférence respectueuse pour les sentiments de son ami, bien qu'il ne pense qu'à lui faire approuver les siens, et à le rendre garant de sa conduite. Et celui qui conseille paye la confiance qu'on lui témoigne d'un zèle ardent et désintéressé, quoiqu'il ne cherche le plus souvent dans les conseils qu'il donne que son propre intérêt ou sa gloire. [V.]

117

La plus subtile de toutes les finesses est de savoir bien feindre de tomber dans les pièges que l'on nous tend, et on n'est jamais si aisément trompé que quand on songe à tromper les autres.

118

L'intention de ne jamais tromper nous expose à être souvent trompés.

119

Nous sommes si accoutumés à nous déguiser aux autres qu'enfin nous nous déguisons à nous-mêmes.

120

L'on fait plus souvent des trahisons par faiblesse que par un dessin formé de trahir.

121

On fait souvent du bien pour pouvoir impunément faire du mal.

122

Si nous résistons à nos passions, c'est plus par leur faiblesse que par notre force.

123

On n'aurait guère de plaisir si on ne se flattait jamais.

124

Les plus habiles affectent toute leur vie de blâmer les finesses pour s'en servir en quelque grande occasion et pour quelque grand intérêt.

125

L'usage ordinaire de la finesse est la marque d'un petit esprit, et il arrive presque toujours que celui qui s'en sert pour se couvrir en un endroit, se découvre en un autre.

126

Les finesses et les trahisons ne viennent que de manque d'habileté.

127

Le vrai moyen d'être trompé, c'est de se croire plus fin que les autres.

128

La trop grande subtilité est une fausse délicatesse, et la véritable délicatesse est une solide subtilité.

129

Il suffit quelquefois d'être grossier pour n'être pas trompé par un habile homme.

130

La faiblesse est le seul défaut que l'on ne saurait corriger.

131

Le moindre défaut des femmes qui se sont abandonnées à faire l'amour, c'est de faire l'amour.

132

Il est plus aisé d'être sage pour les autres que de l'être pour soi-même.

133

Les seules bonnes copies sont celles qui nous font voir le ridicule des méchants originaux.

134

On n'est jamais si ridicule par les qualités que l'on a que par celles que l'on affecte d'avoir.

135

On est quelquefois aussi différent de soi-même que des autres. [V.]

136

Il y a des gens qui n'auraient jamais été amoureux s'ils n'avaient jamais entendu parler de l'amour.

137

On parle peu quand la vanité ne fait pas parler.

138

On aime mieux dire du mal de soi-même que de n'en point parler.

139

Une des choses qui fait que l'on trouve si peu de gens qui paraissent raisonnables et agréables dans la conversation, c'est qu'il n'y a presque personne qui ne pense plutôt à ce qu'il veut dire qu'à répondre précisément à ce qu'on lui dit. Les plus habiles et les plus complaisants se contentent de montrer seulement une mine attentive, au même temps que l'on voit dans leurs yeux et dans leur esprit un égarement pour ce qu'on leur dit, et une précipitation pour retourner à ce qu'ils veulent dire ; au lieu de considérer que c'est un mauvais moyen de plaire aux autres ou de les persuader, que de chercher si fort à se plaire à soi-même, et que bien écouter et bien répondre est une des plus grandes perfections qu'on puisse avoir dans la conversation.

140

Un homme d'esprit serait souvent bien embarrassé sans la compagnie des sots.

141

Nous nous vantons souvent de ne nous point

ennuyer ; et nous sommes si glorieux que nous ne voulons pas nous trouver de mauvaise compagnie.

142

Comme c'est le caractère des grands esprits de faire entendre en peu de paroles beaucoup de choses, les petits esprits au contraire ont le don de beaucoup parler, et de ne rien dire.

143

C'est plutôt par l'estime de nos propres sentiments que nous exagérons les bonnes qualités des autres, que par l'estime de leur mérite ; et nous voulons nous attirer des louanges, lorsqu'il semble que nous leur en donnons.

144

On n'aime point à louer, et on ne loue jamais personne sans intérêt. La louange est une flatterie habile, cachée, et délicate, qui satisfait différemment celui qui la donne, et celui qui la reçoit. L'un la prend comme une récompense de son mérite ; l'autre la donne pour faire remarquer son équité et son discernement.

145

Nous choisissons souvent des louanges empoisonnées qui font voir par contrecoup en ceux que nous louons des défauts que nous n'osons découvrir d'une autre sorte.

146

On ne loue d'ordinaire que pour être loué.

147

Peu de gens sont assez sages pour préférer le blâme qui leur est utile à la louange qui les trahit.

148

Il y a des reproches qui louent, et des louanges qui médisent.

149

Le refus des louanges est un désir d'être loué deux fois.

150

Le désir de mériter les louanges qu'on nous donne fortifie notre vertu ; et celles que l'on donne à l'esprit, à la valeur, et à la beauté contribuent à les augmenter. [V.]

151

Il est plus difficile de s'empêcher d'être gouverné que de gouverner les autres.

152

Si nous ne nous flattions point nous-mêmes, la flatterie des autres ne nous pourrait nuire.

153

La nature fait le mérite, et la fortune le met en œuvre.

154

La fortune nous corrige de plusieurs défauts que la raison ne saurait corriger.

155

Il y a des gens dégoûtants avec du mérite, et d'autres qui plaisent avec des défauts. [V.]

156

Il y a des gens dont tout le mérite consiste à dire et à faire des sottises utilement, et qui gâteraient tout s'ils changeaient de conduite.

157

La gloire des grands hommes se doit toujours mesurer aux moyens dont ils se sont servis pour l'acquérir.

158

La flatterie est une fausse monnaie qui n'a de cours que par notre vanité.

159

Ce n'est pas assez d'avoir de grandes qualités ; il en faut avoir l'économie.

160

Quelque éclatante que soit une action, elle ne doit pas passer pour grande lorsqu'elle n'est pas l'effet d'un grand dessein. [V.]

161

Il doit y avoir une certaine proportion entre les actions et les desseins si on en veut tirer tous les effets qu'elles peuvent produire.

162

L'art de savoir bien mettre en œuvre de médiocres qualités dérobe l'estime et donne souvent plus de réputation que le véritable mérite.

163

Il y a une infinité de conduites qui paraissent ridicules, et dont les raisons cachées sont très sages et très solides.

164

Il est plus facile de paraître digne des emplois qu'on n'a pas que de ceux que l'on exerce.

165

Notre mérite nous attire l'estime des honnêtes gens, et notre étoile celle du public.

166

Le monde récompense plus souvent les apparences du mérite que le mérite même. [V.]

167

L'avarice est plus opposée à l'économie que la libéralité.

168

L'espérance, toute trompeuse qu'elle est, sert au moins à nous mener à la fin de la vie par un chemin agréable.

169

Pendant que la paresse et la timidité nous retiennent dans notre devoir, notre vertu en a souvent tout l'honneur. [V.]

170

Il est difficile de juger si un procédé net, sincère et honnête est un effet de probité ou d'habileté. [V.]

171

Les vertus se perdent dans l'intérêt, comme les fleuves se perdent dans la mer.

172

Si on examine bien les divers effets de l'ennui, on trouvera qu'il fait manquer à plus de devoirs que l'intérêt.

173

Il y a diverses sortes de curiosité : l'une d'intérêt,

qui nous porte à désirer d'apprendre ce qui nous peut être utile, et l'autre d'orgueil, qui vient du désir de savoir ce que les autres ignorent.

174

Il vaut mieux employer notre esprit à supporter les infortunes qui nous arrivent qu'à prévoir celles qui nous peuvent arriver.

175

La constance en amour est une inconstance perpétuelle, qui fait que notre cœur s'attache successivement à toutes les qualités de la personne que nous aimons, donnant tantôt la préférence à l'une, tantôt à l'autre ; de sorte que cette constance n'est qu'une inconstance arrêtée et renfermée dans un même sujet.

176

Il y a deux sortes de constance en amour : l'une vient de ce que l'on trouve sans cesse dans la personne que l'on aime de nouveaux sujets d'aimer, et l'autre vient de ce que l'on se fait un honneur d'être constant.

177

La persévérance n'est digne ni de blâme ni de louange, parce qu'elle n'est que la durée des goûts et des sentiments, qu'on ne s'ôte et qu'on ne se donne point.

178

Ce qui nous fait aimer les nouvelles connaissances n'est pas tant la lassitude que nous avons des vieilles ou le plaisir de changer, que le dégoût de n'être pas assez admirés de ceux qui nous connaissent trop, et l'espérance de l'être davantage de ceux qui ne nous connaissent pas tant.

179

Nous nous plaignons quelquefois légèrement de nos amis pour justifier par avance notre légèreté.

180

Notre repentir n'est pas tant un regret du mal que nous avons fait, qu'une crainte de celui qui nous en peut arriver. [V.]

181

Il y a une inconstance qui vient de la légèreté de l'esprit ou de sa faiblesse, qui lui fait recevoir toutes les opinions d'autrui, et il y en a une autre, qui est plus excusable, qui vient du dégoût des choses.

182

Les vices entrent dans la composition des vertus comme les poisons entrent dans la composition des remèdes. La prudence les assemble et les tempère, et elle s'en sert utilement contre les maux de la vie.

183

Il faut demeurer d'accord à l'honneur de la vertu

que les plus grands malheurs des hommes sont ceux
où ils tombent par les crimes.

184

Nous avouons nos défauts pour réparer par notre
sincérité le tort qu'ils nous font dans l'esprit des
autres.

185

Il y a des héros en mal comme en bien.

186

On ne méprise pas tous ceux qui ont des vices ;
mais on méprise tous ceux qui n'ont aucune vertu.

187

Le nom de la vertu sert à l'intérêt aussi utilement
que les vices.

188

La santé de l'âme n'est pas plus assurée que celle
du corps ; et quoique l'on paraisse éloigné des passions, on n'est pas moins en danger de s'y laisser
emporter que de tomber malade quand on se porte
bien.

189

Il semble que la nature ait prescrit à chaque

homme dès sa naissance des bornes pour les vertus
et pour les vices.

190

Il n'appartient qu'aux grands hommes d'avoir de
grands défauts.

191

On peut dire que les vices nous attendent dans le
cours de la vie comme des hôtes chez qui il faut
successivement loger ; et je doute que l'expérience
nous les fît éviter s'il nous était permis de faire deux
fois le même chemin.

192

Quand les vices nous quittent, nous nous flattons
de la créance que c'est nous qui les quittons.

193

Il y a des rechutes dans les maladies de l'âme,
comme dans celles du corps. Ce que nous prenons
pour notre guérison n'est le plus souvent qu'un
relâche ou un changement de mal.

194

Les défauts de l'âme sont comme les blessures du
corps : quelque soin qu'on prenne de les guérir, la
cicatrice paraît toujours, et elles sont à tout moment
en danger de se rouvrir.

195

Ce qui nous empêche souvent de nous abandonner à un seul vice est que nous en avons plusieurs.

196

Nous oublions aisément nos fautes lorsqu'elles ne sont sues que de nous.

197

Il y a des gens de qui l'on peut ne jamais croire du mal sans l'avoir vu ; mais il n'y en a point en qui il nous doive surprendre en le voyant.

198

Nous élevons la gloire des uns pour abaisser celle des autres. Et quelquefois on louerait moins Monsieur le Prince et M. de Turenne si on ne les voulait point blâmer tous deux.

199

Le désir de paraître habile empêche souvent de le devenir.

200

La vertu n'irait pas si loin si la vanité ne lui tenait compagnie.

201

Celui qui croit pouvoir trouver en soi-même de

214

La valeur est dans les simples soldats un métier périlleux qu'ils ont pris pour gagner leur vie.

215

La parfaite valeur et la poltronnerie complète sont deux extrémités où l'on arrive rarement. L'espace qui est entre-deux est vaste, et contient toutes les autres espèces de courage : il n'y a pas moins de différence entre elles qu'entre les visages et les humeurs. Il y a des hommes qui s'exposent volontiers au commencement d'une action, et qui se relâchent et se rebutent aisément par sa durée. Il y en a qui sont contents quand ils ont satisfait à l'honneur du monde, et qui font fort peu de chose au-delà. On en voit qui ne sont pas toujours également maîtres de leur peur. D'autres se laissent quelquefois entraîner à des terreurs générales. D'autres vont à la charge parce qu'ils n'osent demeurer dans leurs postes. Il s'en trouve à qui l'habitude des moindres périls affermit le courage et les prépare à s'exposer à de plus grands. Il y en a qui sont braves à coups d'épée, et qui craignent les coups de mousquet ; d'autres sont assurés aux coups de mousquet, et appréhendent de se battre à coups d'épée. Tous ces courages de différentes espèces conviennent en ce que la nuit augmentant la crainte et cachant les bonnes et les mauvaises actions, elle donne la liberté de se ménager. Il y a encore un autre ménagement plus général ; car on ne voit point d'homme qui fasse tout ce qu'il serait capable de faire dans une occasion s'il était assuré d'en revenir. De sorte qu'il est visible que la crainte de la mort ôte quelque chose de la valeur.

216

La parfaite valeur est de faire sans témoins ce qu'on serait capable de faire devant tout le monde.

217

L'intrépidité est une force extraordinaire de l'âme qui l'élève au-dessus des troubles, des désordres et des émotions que la vue des grands périls pourrait exciter en elle ; et c'est par cette force que les héros se maintiennent en un état paisible, et conservent l'usage libre de leur raison dans les accidents les plus surprenants et les plus terribles.

218

L'hypocrisie est un hommage que le vice rend à la vertu.

219

La plupart des hommes s'exposent assez dans la guerre pour sauver leur honneur. Mais peu se veulent toujours exposer autant qu'il est nécessaire pour faire réussir le dessein pour lequel ils s'exposent.

220

La vanité, la honte, et surtout le tempérament, font souvent la valeur des hommes, et la vertu des femmes.

221

On ne veut point perdre la vie, et on veut acquérir

de la gloire ; ce qui fait que les braves ont plus d'adresse et d'esprit pour éviter la mort que les gens de chicane n'en ont pour conserver leur bien.

222

Il n'y a guère de personnes qui dans le premier penchant de l'âge ne fassent connaître par où leur corps et leur esprit doivent défaillir.

223

Il est de la reconnaissance comme de la bonne foi des marchands : elle entretient le commerce ; et nous ne payons pas parce qu'il est juste de nous acquitter, mais pour trouver plus facilement des gens qui nous prêtent.

224

Tous ceux qui s'acquittent des devoirs de la reconnaissance ne peuvent pas pour cela se flatter d'être reconnaissants.

225

Ce qui fait le mécompte dans la reconnaissance qu'on attend des grâces que l'on a faites, c'est que l'orgueil de celui qui donne, et l'orgueil de celui qui reçoit, ne peuvent convenir du prix du bienfait.

226

Le trop grand empressement qu'on a de s'acquitter d'une obligation est une espèce d'ingratitude. [V.]

227

Les gens heureux ne se corrigent guère ; ils croient toujours avoir raison quand la fortune soutient leur mauvaise conduite.

228

L'orgueil ne veut pas devoir, et l'amour-propre ne veut pas payer.

229

Le bien que nous avons reçu de quelqu'un veut que nous respections le mal qu'il nous fait.

230

Rien n'est si contagieux que l'exemple, et nous ne faisons jamais de grands biens ni de grands maux qui n'en produisent de semblables. Nous imitons les bonnes actions par émulation, et les mauvaises par la malignité de notre nature que la honte retenait prisonnière, et que l'exemple met en liberté.

231

C'est une grande folie de vouloir être sage tout seul.

232

Quelque prétexte que nous donnions à nos afflictions, ce n'est souvent que l'intérêt et la vanité qui les causent.

233

Il y a dans les afflictions diverses sortes d'hypocrisie. Dans l'une, sous prétexte de pleurer la perte d'une personne qui nous est chère, nous nous pleurons nous-mêmes ; nous regrettons la bonne opinion qu'il avait de nous ; nous pleurons la diminution de notre bien, de notre plaisir, de notre considération. Ainsi les morts ont l'honneur des larmes qui ne coulent que pour les vivants. Je dis que c'est une espèce d'hypocrisie, à cause que dans ces sortes d'afflictions on se trompe soi-même. Il y a une autre hypocrisie qui n'est pas si innocente, parce qu'elle impose à tout le monde : c'est l'affliction de certaines personnes qui aspirent à la gloire d'une belle et immortelle douleur. Après que le temps qui consume tout a fait cesser celle qu'elles avaient en effet, elles ne laissent pas d'opiniâtrer leurs pleurs, leurs plaintes, et leurs soupirs ; elles prennent un personnage lugubre, et travaillent à persuader par toutes leurs actions que leur déplaisir ne finira qu'avec leur vie. Cette triste et fatigante vanité se trouve d'ordinaire dans les femmes ambitieuses. Comme leur sexe leur ferme tous les chemins qui mènent à la gloire, elles s'efforcent de se rendre célèbres par la montre d'une inconsolable affliction. Il y a encore une autre espèce de larmes qui n'ont que de petites sources qui coulent et se tarissent facilement : on pleure pour avoir la réputation d'être tendre, on pleure pour être plaint, on pleure pour être pleuré ; enfin on pleure pour éviter la honte de ne pleurer pas.

234

C'est plus souvent par orgueil que par défaut de

lumières qu'on s'oppose avec tant d'opiniâtreté aux opinions les plus suivies : on trouve les premières places prises dans le bon parti, et on ne veut point des dernières.

235

Nous nous consolons aisément des disgrâces de nos amis lorsqu'elles servent à signaler notre tendresse pour eux.

236

Il semble que l'amour-propre soit la dupe de la bonté, et qu'il s'oublie lui-même lorsque nous travaillons pour l'avantage des autres. Cependant c'est prendre le chemin le plus assuré pour arriver à ses fins ; c'est prêter à usure sous prétexte de donner ; c'est enfin s'acquérir tout le monde par un moyen subtil et délicat. [V.]

237

Nul ne mérite d'être loué de bonté, s'il n'a pas la force d'être méchant : toute autre bonté n'est le plus souvent qu'une paresse ou une impuissance de la volonté.

238

Il n'est pas si dangereux de faire du mal à la plupart des hommes que de leur faire trop de bien.

239

Rien ne flatte plus notre orgueil que la confiance

des grands, parce que nous la regardons comme un effet de notre mérite, sans considérer qu'elle ne vient le plus souvent que de vanité, ou d'impuissance de garder le secret.

240

On peut dire de l'agrément séparé de la beauté que c'est une symétrie dont on ne sait point les règles, et un rapport secret des traits ensemble, et des traits avec les couleurs et avec l'air de la personne.

241

La coquetterie est le fond de l'humeur des femmes. Mais toutes ne la mettent pas en pratique, parce que la coquetterie de quelques-unes est retenue par la crainte ou par la raison.

242

On incommode souvent les autres quand on croit ne les pouvoir jamais incommoder.

243

Il y a peu de choses impossibles d'elles-mêmes ; et l'application pour les faire réussir nous manque plus que les moyens.

244

La souveraine habileté consiste à bien connaître le prix des choses.

245

C'est une grande habileté que de savoir cacher son habileté.

246

Ce qui paraît générosité n'est souvent qu'une ambition déguisée qui méprise de petits intérêts, pour aller à de plus grands. [V.]

247

La fidélité qui paraît en la plupart des hommes n'est qu'une invention de l'amour-propre pour attirer la confiance. C'est un moyen de nous élever au-dessus des autres, et de nous rendre dépositaires des choses les plus importantes.

248

La magnanimité méprise tout pour avoir tout.

249

Il n'y a pas moins d'éloquence dans le ton de la voix, dans les yeux et dans l'air de la personne, que dans le choix des paroles.

250

La véritable éloquence consiste à dire tout ce qu'il faut, et à ne dire que ce qu'il faut.

251

Il y a des personnes à qui les défauts siéent bien, et

d'autres qui sont disgraciées avec leurs bonnes qualités.

252

Il est aussi ordinaire de voir changer les goûts qu'il
est extraordinaire de voir changer les inclinations.

253

L'intérêt met en œuvre toutes sortes de vertus et de
vices.

254

L'humilité n'est souvent qu'une feinte soumission,
dont on se sert pour soumettre les autres ; c'est un
artifice de l'orgueil qui s'abaisse pour s'élever ; et
bien qu'il se transforme en mille manières, il n'est
jamais mieux déguisé et plus capable de tromper que
lorsqu'il se cache sous la figure de l'humilité. [V.]

255

Tous les sentiments ont chacun un ton de voix, des
gestes et des mines qui leur sont propres. Et ce
rapport bon ou mauvais, agréable ou désagréable,
est ce qui fait que les personnes plaisent ou
déplaisent.

256

Dans toutes les professions chacun affecte une
mine et un extérieur pour paraître ce qu'il veut qu'on

le croie. Ainsi on peut dire que le monde n'est composé que de mines.

257

La gravité est un mystère du corps inventé pour cacher les défauts de l'esprit.

258

Le bon goût vient plus du jugement que de l'esprit.

259

Le plaisir de l'amour est d'aimer ; et l'on est plus heureux par la passion que l'on a que par celle que l'on donne.

260

La civilité est un désir d'en recevoir, et d'être estimé poli.

261

L'éducation que l'on donne d'ordinaire aux jeunes gens est un second amour-propre qu'on leur inspire.

262

Il n'y a point de passion où l'amour de soi-même règne si puissamment que dans l'amour ; et on est toujours plus disposé à sacrifier le repos de ce qu'on aime qu'à perdre le sien.

263

Ce qu'on nomme libéralité n'est le plus souvent que la vanité de donner, que nous aimons mieux que ce que nous donnons.

264

La pitié est souvent un sentiment de nos propres maux dans les maux d'autrui. C'est une habile prévoyance des malheurs où nous pouvons tomber ; nous donnons du secours aux autres pour les engager à nous en donner en de semblables occasions ; et ces services que nous leur rendons sont à proprement parler des biens que nous nous faisons à nous-mêmes par avance.

265

La petitesse de l'esprit fait l'opiniâtreté ; et nous ne croyons pas aisément ce qui est au-delà de ce que nous voyons.

266

C'est se tromper que de croire qu'il n'y ait que les violentes passions, comme l'ambition et l'amour, qui puissent triompher des autres. La paresse, toute languissante qu'elle est, ne laisse pas d'en être souvent la maîtresse ; elle usurpe sur tous les desseins et sur toutes les actions de la vie ; elle y détruit et y consume insensiblement les passions et les vertus. [V.]

267

La promptitude à croire le mal sans l'avoir assez

examiné est un effet de l'orgueil et de la paresse. On veut trouver des coupables ; et on ne veut pas se donner la peine d'examiner les crimes.

268

Nous récusons des juges pour les plus petits intérêts, et nous voulons bien que notre réputation et notre gloire dépendent du jugement des hommes, qui nous sont tous contraires, ou par leur jalousie, ou par leur préoccupation, ou par leur peu de lumière ; et ce n'est que pour les faire prononcer en notre faveur que nous exposons en tant de manières notre repos et notre vie.

269

Il n'y a guère d'homme assez habile pour connaître tout le mal qu'il fait.

270

L'honneur acquis est caution de celui qu'on doit acquérir.

271

La jeunesse est une ivresse continuelle : c'est la fièvre de la raison.

272

Rien ne devrait plus humilier les hommes qui ont mérité de grandes louanges, que le soin qu'ils prennent encore de se faire valoir par de petites choses.

273

Il y a des gens qu'on approuve dans le monde, qui n'ont pour tout mérite que les vices qui servent au commerce de la vie.

274

La grâce de la nouveauté est à l'amour ce que la fleur est sur les fruits ; elle y donne un lustre qui s'efface aisément, et qui ne revient jamais.

275

Le bon naturel, qui se vante d'être si sensible, est souvent étouffé par le moindre intérêt.

276

L'absence diminue les médiocres passions, et augmente les grandes, comme le vent éteint les bougies et allume le feu.

277

Les femmes croient souvent aimer encore qu'elles n'aiment pas. L'occupation d'une intrigue, l'émotion d'esprit que donne la galanterie, la pente naturelle au plaisir d'être aimées, et la peine de refuser, leur persuadent qu'elles ont de la passion lorsqu'elles n'ont que de la coquetterie.

278

Ce qui fait que l'on est souvent mécontent de ceux qui négocient, est qu'ils abandonnent presque toujours l'intérêt de leurs amis pour l'intérêt du succès de la négociation, qui devient le leur par l'honneur d'avoir réussi à ce qu'ils avaient entrepris.

279

Quand nous exagérons la tendresse que nos amis ont pour nous, c'est souvent moins par reconnaissance que par le désir de faire juger de notre mérite.

280

L'approbation que l'on donne à ceux qui entrent dans le monde vient souvent de l'envie secrète que l'on porte à ceux qui y sont établis.

281

L'orgueil qui nous inspire tant d'envie nous sert souvent aussi à la modérer.

282

Il y a des faussetés déguisées qui représentent si bien la vérité que ce serait mal juger que de ne s'y pas laisser tromper.

283

Il n'y a pas quelquefois moins d'habileté à savoir

profiter d'un bon conseil qu'à se bien conseiller soi-même.

284

Il y a des méchants qui seraient moins dangereux s'ils n'avaient aucune bonté.

285

La magnanimité est assez définie par son nom ; néanmoins on pourrait dire que c'est le bon sens de l'orgueil, et la voie la plus noble pour recevoir des louanges.

286

Il est impossible d'aimer une seconde fois ce qu'on a véritablement cessé d'aimer.

287

Ce n'est pas tant la fertilité de l'esprit qui nous fait trouver plusieurs expédients sur une même affaire, que c'est le défaut de lumière qui nous fait arrêter à tout ce qui se présente à notre imagination, et qui nous empêche de discerner d'abord ce qui est le meilleur.

288

Il y a des affaires et des maladies que les remèdes aigrissent en certains temps ; et la grande habileté consiste à connaître quand il est dangereux d'en user.

289

La simplicité affectée est une imposture délicate.

290

Il y a plus de défauts dans l'humeur que dans l'esprit.

291

Le mérite des hommes a sa saison aussi bien que les fruits.

292

On peut dire de l'humeur des hommes, comme de la plupart des bâtiments, qu'elle a diverses faces, les unes agréables, et les autres désagréables.

293

La modération ne peut avoir le mérite de combattre l'ambition et de la soumettre : elles ne se trouvent jamais ensemble. La modération est la langueur et la paresse de l'âme, comme l'ambition en est l'activité et l'ardeur. [V.]

294

Nous aimons toujours ceux qui nous admirent ; et nous n'aimons pas toujours ceux que nous admirons.

295

Il s'en faut bien que nous ne connaissions toutes nos volontés.

296

Il est difficile d'aimer ceux que nous n'estimons point ; mais il ne l'est pas moins d'aimer ceux que nous estimons beaucoup plus que nous.

297

Les humeurs du corps ont un cours ordinaire et réglé, qui meut et qui tourne imperceptiblement notre volonté ; elles roulent ensemble et exercent successivement un empire secret en nous : de sorte qu'elles ont une part considérable à toutes nos actions, sans que nous le puissions connaître. [V.]

298

La reconnaissance de la plupart des hommes n'est qu'une secrète envie de recevoir de plus grands bienfaits.

299

Presque tout le monde prend plaisir à s'acquitter des petites obligations ; beaucoup de gens ont de la reconnaissance pour les médiocres ; mais il n'y a quasi personne qui n'ait de l'ingratitude pour les grandes.

300

Il y a des folies qui se prennent comme les maladies contagieuses.

301

Assez de gens méprisent le bien, mais peu savent le donner.

302

Ce n'est d'ordinaire que dans de petits intérêts où nous prenons le hasard de ne pas croire aux apparences.

303

Quelque bien qu'on nous dise de nous, on ne nous apprend rien de nouveau.

304

Nous pardonnons souvent à ceux qui nous ennuient, mais nous ne pouvons pardonner à ceux que nous ennuyons.

305

L'intérêt que l'on accuse de tous nos crimes mérite souvent d'être loué de nos bonnes actions.

306

On ne trouve guère d'ingrats tant qu'on est en état de faire du bien.

307

Il est aussi honnête d'être glorieux avec soi-même qu'il est ridicule de l'être avec les autres.

308

On a fait une vertu de la modération pour borner

l'ambition des grands hommes, et pour consoler les gens médiocres de leur peu de fortune, et de leur peu de mérite.

309

Il y a des gens destinés à être sots, qui ne font pas seulement des sottises par leur choix, mais que la fortune même contraint d'en faire.

310

Il arrive quelquefois des accidents dans la vie, d'où il faut être un peu fou pour se bien tirer.

311

S'il y a des hommes dont le ridicule n'ait jamais paru, c'est qu'on ne l'a pas bien cherché.

312

Ce qui fait que les amants et les maîtresses ne s'ennuient point d'être ensemble, c'est qu'ils parlent toujours d'eux-mêmes.

313

Pourquoi faut-il que nous ayons assez de mémoire pour retenir jusqu'aux moindres particularités de ce qui nous est arrivé, et que nous n'en ayons pas assez pour nous souvenir combien de fois nous les avons contées à une même personne ?

314

L'extrême plaisir que nous prenons à parler de

nous-mêmes nous doit faire craindre de n'en donner guère à ceux qui nous écoutent.

315

Ce qui nous empêche d'ordinaire de faire voir le fond de notre cœur à nos amis, n'est pas tant la défiance que nous avons d'eux, que celle que nous avons de nous-mêmes.

316

Les personnes faibles ne peuvent être sincères.

317

Ce n'est pas un grand malheur d'obliger des ingrats, mais c'en est un insupportable d'être obligé à un malhonnête homme.

318

On trouve des moyens pour guérir de la folie, mais on n'en trouve point pour redresser un esprit de travers.

319

On ne saurait conserver longtemps les sentiments qu'on doit avoir pour ses amis et pour ses bienfaiteurs, si on se laisse la liberté de parler souvent de leurs défauts.

320

Louer les princes des vertus qu'ils n'ont pas, c'est leur dire impunément des injures.

321

Nous sommes plus près d'aimer ceux qui nous haïssent que ceux qui nous aiment plus que nous ne voulons.

322

Il n'y a que ceux qui sont méprisables qui craignent d'être méprisés.

323

Notre sagesse n'est pas moins à la merci de la fortune que nos biens.

324

Il y a dans la jalousie plus d'amour-propre que d'amour.

325

Nous nous consolons souvent par faiblesse des maux dont la raison n'a pas la force de nous consoler.

326

Le ridicule déshonore plus que le déshonneur.

327

Nous n'avouons de petits défauts que pour persuader que nous n'en avons pas de grands.

328

L'envie est plus irréconciliable que la haine.

329

On croit quelquefois haïr la flatterie, mais on ne hait que la manière de flatter.

330

On pardonne tant que l'on aime.

331

Il est plus difficile d'être fidèle à sa maîtresse quand on est heureux que quand on en est maltraité.

332

Les femmes ne connaissent pas toute leur coquetterie.

333

Les femmes n'ont point de sévérité complète sans aversion.

334

Les femmes peuvent moins surmonter leur coquetterie que leur passion.

335

Dans l'amour la tromperie va presque toujours plus loin que la méfiance.

336

Il y a une certaine sorte d'amour dont l'excès empêche la jalousie.

337

Il est de certaines bonnes qualités comme des sens : ceux qui en sont entièrement privés ne les peuvent apercevoir ni les comprendre.

338

Lorsque notre haine est trop vive, elle nous met au-dessous de ceux que nous haïssons.

339

Nous ne ressentons nos biens et nos maux qu'à proportion de notre amour-propre.

340

L'esprit de la plupart des femmes sert plus à fortifier leur folie que leur raison.

341

Les passions de la jeunesse ne sont guère plus opposées au salut que la tiédeur des vieilles gens.

342

L'accent du pays où l'on est né demeure dans l'esprit et dans le cœur, comme dans le langage.

343

Pour être un grand homme, il faut savoir profiter de toute sa fortune.

344

La plupart des hommes ont comme les plantes des propriétés cachées, que le hasard fait découvrir.

345

Les occasions nous font connaître aux autres, et encore plus à nous-mêmes.

346

Il ne peut y avoir de règle dans l'esprit ni dans le cœur des femmes, si le tempérament n'en est d'accord.

347

Nous ne trouvons guère de gens de bons sens, que ceux qui sont de notre avis.

348

Quand on aime, on doute souvent de ce qu'on croit le plus.

349

Le plus grand miracle de l'amour, c'est de guérir de la coquetterie.

350

Ce qui nous donne tant d'aigreur contre ceux qui nous font des finesses, c'est qu'ils croient être plus habiles que nous.

351

On a bien de la peine à rompre, quand on ne s'aime plus.

352

On s'ennuie presque toujours avec les gens avec qui il n'est pas permis de s'ennuyer.

353

Un honnête homme peut être amoureux comme un fou, mais non pas comme un sot.

354

Il y a de certains défauts qui, bien mis en œuvre, brillent plus que la vertu même.

355

On perd quelquefois des personnes qu'on regrette plus qu'on n'en est affligé ; et d'autres dont on est affligé, et qu'on ne regrette guère.

356

Nous ne louons d'ordinaire de bon cœur que ceux qui nous admirent.

357

Les petits esprits sont trop blessés des petites choses ; les grands esprits les voient toutes, et n'en sont point blessés.

358

L'humilité est la véritable preuve des vertus chrétiennes : sans elle nous conservons tous nos défauts, et ils sont seulement couverts par l'orgueil qui les cache aux autres, et souvent à nous-mêmes.

359

Les infidélités devraient éteindre l'amour, et il ne faudrait point être jaloux quand on a sujet de l'être. Il n'y a que les personnes qui évitent de donner de la jalousie qui soient dignes qu'on en ait pour elles.

360

On se décrie beaucoup plus auprès de nous par les moindres infidélités qu'on nous fait, que par les plus grandes qu'on fait aux autres.

361

La jalousie naît toujours avec l'amour, mais elle ne meurt pas toujours avec lui.

362

La plupart des femmes ne pleurent pas tant la

mort de leurs amants pour les avoir aimés, que pour
paraître plus dignes d'être aimées.

363

Les violences qu'on nous fait nous font souvent
moins de peine que celles que nous nous faisons à
nous-mêmes.

364

On sait assez qu'il ne faut guère parler de sa
femme ; mais on ne sait pas assez qu'on devrait
encore moins parler de soi.

365

Il y a de bonnes qualités qui dégénèrent en défaut
quand elles sont naturelles, et d'autres qui ne sont
jamais parfaites quand elles sont acquises. Il faut,
par exemple, que la raison nous fasse ménagers de
notre bien et de notre confiance ; et il faut, au
contraire, que la nature nous donne la bonté et la
valeur.

366

Quelque défiance que nous ayons de la sincérité de
ceux qui nous parlent, nous croyons toujours qu'ils
nous disent plus vrai qu'aux autres.

367

Il y a peu d'honnêtes femmes qui ne soient lasses
de leur métier.

368

La plupart des honnêtes femmes sont des trésors cachés, qui ne sont en sûreté que parce qu'on ne les cherche pas.

369

Les violences qu'on se fait pour s'empêcher d'aimer sont souvent plus cruelles que les rigueurs de ce qu'on aime.

370

Il n'y a guère de poltrons qui connaissent toujours toute leur peur.

371

C'est presque toujours la faute de celui qui aime de ne pas connaître quand on cesse de l'aimer.

372

La plupart des jeunes gens croient être naturels, lorsqu'ils ne sont que mal polis et grossiers.

373

Il y a de certaines larmes qui nous trompent souvent nous-mêmes après avoir trompé les autres.

374

Si on croit aimer sa maîtresse pour l'amour d'elle, on est bien trompé.

375

Les esprits médiocres condamnent d'ordinaire tout ce qui passe leur portée.

376

L'envie est détruite par la véritable amitié, et la coquetterie par le véritable amour.

377

Le plus grand défaut de la pénétration n'est pas de n'aller point jusqu'au but, c'est de le passer.

378

On donne des conseils mais on n'inspire point de conduite.

79

Quand notre mérite baisse, notre goût baisse aussi.

380

La fortune fait paraître nos vertus et nos vices, comme la lumière fait paraître les objets.

381

La violence qu'on se fait pour demeurer fidèle à ce qu'on aime ne vaut guère mieux qu'une infidélité.

382

Nos actions sont comme les bouts-rimés, que chacun fait rapporter à ce qu'il lui plaît.

383

L'envie de parler de nous, et de faire voir nos défauts du côté que nous voulons bien les montrer, fait une grande partie de notre sincérité.

384

On ne devrait s'étonner que de pouvoir encore s'étonner.

385

On est presque également difficile à contenter quand on a beaucoup d'amour et quand on n'en a plus guère.

386

Il n'y a point de gens qui aient plus souvent tort que ceux qui ne peuvent souffrir d'en avoir.

387

Un sot n'a pas assez d'étoffe pour être bon.

388

Si la vanité ne renverse pas entièrement les vertus, du moins elle les ébranle toutes.

389

Ce qui nous rend la vanité des autres insupportable, c'est qu'elle blesse la nôtre.

390

On renonce plus aisément à son intérêt qu'à son goût.

391

La fortune ne paraît jamais si aveugle qu'à ceux à qui elle ne fait pas de bien.

392

Il faut gouverner la fortune comme la santé : en jouir quand elle est bonne, prendre patience quand elle est mauvaise, et ne faire jamais de grands remèdes sans un extrême besoin.

393

L'air bourgeois se perd quelquefois à l'armée ; mais il ne se perd jamais à la cour.

394

On peut être plus fin qu'un autre, mais non pas plus fin que tous les autres.

395

On est quelquefois moins malheureux d'être trompé de ce qu'on aime, que d'en être détrompé.

396

On garde longtemps son premier amant, quand on n'en prend point de second.

367

Nous n'avons pas le courage de dire en général que nous n'avons point de défauts, et que nos ennemis n'ont point de bonnes qualités ; mais en détail nous ne sommes pas trop éloignés de le croire.

398

De tous nos défauts, celui dont nous demeurons le plus aisément d'accord, c'est de la paresse ; nous nous persuadons qu'elle tient à toutes les vertus paisibles et que, sans détruire entièrement les autres, elle en suspend seulement les fonctions.

399

Il y a une élévation qui ne dépend point de la fortune : c'est un certain air qui nous distingue et qui semble nous destiner aux grandes choses ; c'est un prix que nous nous donnons imperceptiblement à nous-mêmes ; c'est par cette qualité que nous usurpons les déférences des autres hommes, et c'est elle d'ordinaire qui nous met plus au-dessus d'eux que la naissance, les dignités, et le mérite même.

400

Il y a du mérite sans élévation, mais il n'y a point d'élévation sans quelque mérite.

401

L'élévation est au mérite ce que la parure est aux belles personnes.

402

Ce qui se trouve le moins dans la galanterie, c'est de l'amour.

403

La fortune se sert quelquefois de nos défauts pour nous élever, et il y a des gens incommodes dont le mérite serait mal récompensé si on ne voulait acheter leur absence.

404

Il semble que la nature ait caché dans le fond de notre esprit des talents et une habileté que nous ne connaissons pas ; les passions seules ont le droit de les mettre au jour, et de nous donner quelquefois des vues plus certaines et plus achevées que l'art ne saurait faire.

405

Nous arrivons tout nouveaux aux divers âges de la vie, et nous y manquons souvent d'expérience malgré le nombre des années.

406

Les coquettes se font honneur d'être jalouses de

leurs amants, pour cacher qu'elles sont envieuses des autres femmes.

407

Il s'en faut bien que ceux qui s'attrapent à nos finesses ne nous paraissent aussi ridicules que nous nous le paraissons à nous-mêmes quand les finesses des autres nous ont attrapés.

408

Le plus dangereux ridicule des vieilles personnes qui ont été aimables, c'est d'oublier qu'elles ne le sont plus.

409

Nous aurions souvent honte de nos plus belles actions si le monde voyait tous les motifs qui les produisent.

410

Le plus grand effort de l'amitié n'est pas de montrer nos défauts à un ami ; c'est de lui faire voir les siens.

411

On n'a guère de défauts qui ne soient plus pardonnables que les moyens dont on se sert pour les cacher.

412

Quelque honte que nous ayons méritée, il est

presque toujours en notre pouvoir de rétablir notre réputation.

413

On ne plaît pas longtemps quand on n'a que d'une sorte d'esprit.

414

Les fous et les sottes gens ne voient que par leur humeur.

415

L'esprit nous sert quelquefois à faire hardiment des sottises.

416

La vivacité qui augmente en vieillissant ne va pas loin de la folie.

417

En amour celui qui est guéri le premier est toujours le mieux guéri.

418

Les jeunes femmes qui ne veulent point paraître coquettes, et les hommes d'un âge avancé qui ne veulent pas être ridicules, ne doivent jamais parler

de l'amour comme d'une chose où ils puissent avoir
part.

419

Nous pouvons paraître grands dans un emploi au-
dessous de notre mérite, mais nous paraissons
souvent petits dans un emploi plus grand que nous.

420

Nous croyons souvent avoir de la constance dans
les malheurs, lorsque nous n'avons que de l'abatte-
ment, et nous les souffrons sans oser les regarder
comme les poltrons se laissent tuer de peur de se
défendre.

421

La confiance fournit plus à la conversation que
l'esprit.

422

Toutes les passions nous font faire des fautes,
mais l'amour nous en fait faire de plus ridicules.

423

Peu de gens savent être vieux.

424

Nous nous faisons honneur des défauts opposés à

ceux que nous avons : quand nous sommes faibles, nous nous vantons d'être opiniâtres.

425

La pénétration a un air de deviner qui flatte plus notre vanité que toutes les autres qualités de l'esprit.

426

La grâce de la nouveauté et la longue habitude, quelque opposées qu'elles soient, nous empêchent également de sentir les défauts de nos amis.

427

La plupart des amis dégoûtent de l'amitié, et la plupart des dévots dégoûtent de la dévotion.

428

Nous pardonnons aisément à nos amis les défauts qui ne nous regardent pas.

429

Les femmes qui aiment pardonnent plus aisément les grandes indiscrétions que les petites infidélités.

430

Dans la vieillesse de l'amour comme dans celle de l'âge on vit encore pour les maux, mais on ne vit plus pour les plaisirs.

431

Rien n'empêche tant d'être naturel que l'envie de le paraître.

432

C'est en quelque sorte de donner part aux belles actions, que de les louer de bon cœur.

433

La plus véritable marque d'être né avec de grandes qualités, c'est d'être né sans envie.

434

Quand nos amis nous ont trompés, on ne doit que de l'indifférence aux marques de leur amitié, mais on doit toujours de la sensibilité à leurs malheurs.

435

La fortune et l'humeur gouvernent le monde.

436

Il est plus aisé de connaître l'homme en général que de connaître un homme en particulier.

437

On ne doit pas juger du mérite d'un homme par

ses grandes qualités, mais par l'usage qu'il en sait faire.

438

Il y a une certaine reconnaissance vive qui ne nous acquitte pas seulement des bienfaits que nous avons reçus, mais qui fait même que nos amis nous doivent en leur payant ce que nous leur devons.

439

Nous ne désirerions guère de choses avec ardeur, si nous connaissions parfaitement ce que nous désirons.

440

Ce qui fait que la plupart des femmes sont peu touchées de l'amitié, c'est qu'elle est fade quand on a senti de l'amour.

441

Dans l'amitié comme dans l'amour on est souvent plus heureux par les choses qu'on ignore que par celles que l'on sait.

442

Nous essayons de nous faire honneur des défauts que nous ne voulons pas corriger.

443

Les passions les plus violentes nous laissent quel-

quefois du relâche, mais la vanité nous agite toujours.

444

Les vieux fous sont plus fous que les jeunes.

445

La faiblesse est plus opposée à la vertu que le vice.

446

Ce qui rend les douleurs de la honte et de la
jalousie si aiguës, c'est que la vanité ne peut servir à
les supporter.

447

La bienséance est la moindre de toutes les lois, et
la plus suivie.

448

Un esprit droit a moins de peine de se soumettre
aux esprits de travers que de les conduire.

449

Lorsque la fortune nous surprend en nous donnant une grande place sans nous y avoir conduits
par degrés, ou sans que nous nous y soyons élevés
par nos espérances, il est presque impossible de s'y
bien soutenir, et de paraître digne de l'occuper.

450

Notre orgueil s'augmente souvent de ce que nous retranchons de nos autres défauts.

451

Il n'y a point de sots si incommodes que ceux qui ont de l'esprit.

452

Il n'y a point d'homme qui se croie en chacune de ses qualités au-dessous de l'homme du monde qu'il estime le plus.

453

Dans les grandes affaires on doit moins s'appliquer à faire naître des occasions qu'à profiter de celles qui se présentent.

454

Il n'y a guère d'occasion où l'on fît un méchant marché de renoncer au bien qu'on dit de nous, à condition de n'en dire point de mal.

455

Quelque disposition qu'ait le monde à mal juger, il fait encore plus souvent grâce au faux mérite qu'il ne fait injustice au véritable.

456

On est quelquefois un sot avec de l'esprit, mais on ne l'est jamais avec du jugement.

457

Nous gagnerions plus de nous laisser voir tels que nous sommes, que d'essayer de paraître ce que nous ne sommes pas.

458

Nos ennemis approchent plus de la vérité dans les jugements qu'ils font de nous que nous n'en approchons nous-mêmes.

459

Il y a plusieurs remèdes qui guérissent de l'amour, mais il n'y en a point d'infaillibles.

460

Il s'en faut bien que connaissions tout ce que nos passions nous font faire.

461

La vieillesse est un tyran qui défend sur peine de la vie tous les plaisirs de la jeunesse.

462

Le même orgueil qui nous fait blâmer les défauts dont nous nous croyons exempts, nous porte à mépriser les bonnes qualités que nous n'avons pas.

463

Il y a souvent plus d'orgueil que de bonté à

plaindre les malheurs de nos ennemis ; c'est pour leur faire sentir que nous sommes au-dessus d'eux que nous leur donnons des marques de compassion.

464

Il y a un excès de biens et de maux qui passe notre sensibilité.

465

Il s'en faut bien que l'innocence ne trouve autant de protection que le crime.

466

De toutes les passions violentes, celle qui sied le moins mal aux femmes, c'est l'amour.

467

La vanité nous fait faire plus de choses contre notre goût que la raison.

468

Il y a de méchantes qualités qui font de grands talents.

469

On ne souhaite jamais ardemment ce qu'on ne souhaite que par raison.

470

Toutes nos qualités sont incertaines et douteuses en bien comme en mal, et elles sont presque toutes à la merci des occasions.

471

Dans les premières passions les femmes aiment l'amant, et dans les autres elles aiment l'amour.

472

L'orgueil a ses bizarreries, comme les autres passions ; on a honte d'avouer que l'on ait de la jalousie, et on se fait honneur d'en avoir eu, et d'être capable d'en avoir.

473

Quelque rare que soit le véritable amour, il l'est encore moins que la véritable amitié.

474

Il y a peu de femmes dont le mérite dure plus que la beauté.

475

L'envie d'être plaint, ou d'être admiré, fait souvent la plus grande partie de notre confiance.

476

Notre envie dure toujours plus longtemps que le bonheur de ceux que nous envions.

477

La même fermeté qui sert à résister à l'amour sert aussi à le rendre violent et durable, et les personnes faibles qui sont toujours agitées des passions n'en sont presque jamais véritablement remplies.

478

L'imagination ne saurait inventer tant de diverses contrariétés qu'il y en a naturellement dans le cœur de chaque personne.

479

Il n'y a que les personnes qui ont de la fermeté qui puissent avoir une véritable douceur ; celles qui paraissent douces n'ont d'ordinaire que de la faiblesse, qui se convertit aisément en aigreur.

480

La timidité est un défaut dont il est dangereux de reprendre les personnes qu'on en veut corriger.

481

Rien n'est plus rare que la véritable bonté ; ceux mêmes qui croient en avoir n'ont d'ordinaire que de la complaisance ou de la faiblesse.

482

L'esprit s'attache par paresse et par constance à ce

qui lui est facile ou agréable ; cette habitude met toujours des bornes à nos connaissances, et jamais personne ne s'est donné la peine d'étendre et de conduire son esprit aussi loin qu'il pourrait aller.

483

On est d'ordinaire plus médisant par vanité que par malice.

484

Quand on a le cœur encore agité par les restes d'une passion, on est plus près d'en prendre une nouvelle que quand on est entièrement guéri.

485

Ceux qui ont eu de grandes passions se trouvent toute leur vie heureux, et malheureux, d'en être guéris.

486

Il y a encore plus de gens sans intérêt que sans envie.

487

Nous avons plus de paresse dans l'esprit que dans le corps.

488

Le calme ou l'agitation de notre humeur ne

dépend pas tant de ce qui nous arrive de plus considérable dans la vie, que d'un arrangement commode ou désagréable de petites choses qui arrivent tous les jours.

489

Quelque méchants que soient les hommes, ils n'oseraient paraître ennemis de la vertu, et lorsqu'ils la veulent persécuter, ils feignent de croire qu'elle est fausse ou ils lui supposent des crimes.

490

On passe souvent de l'amour à l'ambition, mais on ne revient guère de l'ambition à l'amour.

491

L'extrême avarice se méprend presque toujours ; il n'y a point de passion qui s'éloigne plus souvent de son but, ni sur qui le présent ait tant de pouvoir au préjudice de l'avenir.

492

L'avarice produit souvent des effets contraires ; il y a un nombre infini de gens qui sacrifient tout leur bien à des espérances douteuses et éloignées, d'autres méprisent de grands avantages à venir pour de petits intérêts présents.

493

Il semble que les hommes ne se trouvent pas assez

de défauts ; ils en augmentent encore le nombre par de certaines qualités singulières dont ils affectent de se parer, et ils les cultivent avec tant de soin qu'elles deviennent à la fin des défauts naturels, qu'il ne dépend plus d'eux de corriger.

494

Ce qui fait voir que les hommes connaissent mieux leurs fautes qu'on ne pense, c'est qu'ils n'ont jamais tort quand on les entend parler de leur conduite : le même amour-propre qui les aveugle d'ordinaire les éclaire alors, et leur donne des vues si justes qu'il leur fait supprimer ou déguiser les moindres choses qui peuvent être condamnées.

495

Il faut que les jeunes gens qui entrent dans le monde soient honteux ou étourdis : un air capable et composé se tourne d'ordinaire en impertinence.

496

Les querelles ne dureraient pas longtemps, si le tort n'était que d'un côté.

497

Il ne sert de rien d'être jeune sans être belle, ni d'être belle sans être jeune.

498

Il y a des personnes si légères et si frivoles qu'elles

sont aussi éloignées d'avoir de véritables défauts que des qualités solides.

499

On ne compte d'ordinaire la première galanterie des femmes que lorsqu'elles en ont une seconde.

500

Il y a des gens si remplis d'eux-mêmes que, lorsqu'ils sont amoureux, ils trouvent moyen d'être occupés de leur passion sans l'être de la personne qu'ils aiment.

501

L'amour, tout agréable qu'il est, plaît encore plus par les manières dont il se montre que par lui-même.

502

Peu d'esprit avec de la droiture ennuie moins, à la longue, que beaucoup d'esprit avec du travers.

503

La jalousie est le plus grand de tous les maux, et celui qui fait le moins de pitié aux personnes qui le causent.

504

Après avoir parlé de la fausseté de tant de vertus

apparentes, il est raisonnable de dire quelque chose de la fausseté du mépris de la mort. J'entends parler de ce mépris de la mort que les païens se vantent de tirer de leurs propres forces, sans l'espérance d'une meilleure vie. Il y a différence entre souffrir la mort constamment, et la mépriser. Le premier est assez ordinaire ; mais je crois que l'autre n'est jamais sincère. On a écrit néanmoins tout ce qui peut le plus persuader que la mort n'est point un mal ; et les hommes les plus faibles aussi bien que les héros ont donné mille exemples célèbres pour établir cette opinion. Cependant je doute que personne de bon sens l'ait jamais cru ; et la peine que l'on prend pour le persuader aux autres et à soi-même fait assez voir que cette entreprise n'est pas aisée. On peut avoir divers sujets de dégoût dans la vie, mais on n'a jamais raison de mépriser la mort ; ceux mêmes qui se la donnent volontairement ne la comptent pas pour si peu de chose, et ils s'en étonnent et la rejettent comme les autres, lorsqu'elle vient à eux par une autre voie que celle qu'ils ont choisie. L'inégalité que l'on remarque dans le courage d'un nombre infini de vaillants hommes vient de ce que la mort se découvre différemment à leur imagination, et y paraît plus présente en un temps qu'en un autre. Ainsi il arrive qu'après avoir méprisé ce qu'ils ne connaissent pas, ils craignent enfin ce qu'ils connaissent. Il faut éviter de l'envisager avec toutes ses circonstances, si on ne veut pas croire qu'elle soit le plus grand de tous les maux. Les plus habiles et les plus braves sont ceux qui prennent de plus honnêtes prétextes pour s'empêcher de la considérer. Mais tout homme qui la sait voir telle qu'elle est, trouve que c'est une chose épouvantable. La nécessité de mourir faisait toute la constance des philosophes. Ils croyaient qu'il fallait aller de bonne grâce où l'on ne saurait s'empêcher d'aller ; et, ne pouvant éterniser leur vie, il n'y avait rien qu'ils ne fissent pour éterniser leur réputation, et sauver du naufrage ce qui n'en peut être garanti. Contentons-nous pour faire bonne mine de ne nous pas dire à nous-mêmes tout ce que nous en pensons, et espérons plus de notre tempérament que de ces faibles raisonnements qui nous font croire que nous pouvons approcher de la mort avec indifférence. La gloire de mourir avec fermeté, l'espérance d'être regretté, le désir de laisser une belle réputation, l'assurance d'être affranchi des misères de la vie, et de ne dépendre plus des caprices de la fortune, sont des remèdes qu'on ne doit pas rejeter. Mais on ne doit pas croire aussi qu'ils soient infaillibles. Ils font pour nous assurer ce qu'une simple haie fait souvent à la guerre pour assurer ceux qui doivent approcher d'un lieu d'où l'on tire. Quand on en est éloigné, on s'imagine qu'elle peut mettre à couvert ; mais quand on en est proche, on trouve que c'est un faible secours. C'est nous flatter, de croire que la mort nous paraisse de près ce que nous en avons jugé de loin, et que nos sentiments, qui ne sont que faiblesse, soient d'une trempe assez forte pour ne point souffrir d'atteinte par la plus rude de toutes les épreuves. C'est aussi mal connaître les effets de l'amour-propre, que de penser qu'il puisse nous aider à compter pour rien ce qui le doit nécessairement détruire, et la raison, dans laquelle on croit trouver tant de ressources, est trop faible en cette rencontre pour nous persuader ce que nous voulons. C'est elle au contraire qui nous trahit le plus souvent, et qui, au lieu de nous inspirer le mépris de la mort, sert à nous découvrir ce qu'elle a d'affreux et de terrible. Tout ce qu'elle peut faire pour nous est de nous conseiller d'en détourner les yeux pour les arrêter sur d'autres objets. Caton et Brutus en choisirent d'illustres. Un laquais se contenta il y a quelque temps de danser sur l'échafaud où il allait être roué. Ainsi, bien que les motifs soient différents, ils produisent les mêmes effets. De sorte qu'il est vrai que, quelque disproportion qu'il y ait entre les grands hommes et les gens du commun, on a vu mille fois les uns et les autres recevoir la mort d'un même visage ; mais ç'a toujours été avec cette différence que, dans le mépris que les grands hommes font paraître pour la mort, c'est l'amour de la gloire qui leur en ôte la vue, et dans les gens du commun ce n'est qu'un effet de leur peu de lumière qui les empêche de connaître la grandeur de leur mal et leur laisse la liberté de penser à autre chose.

Maximes supprimées

1° Maximes retranchées
après la première édition

1

L'amour-propre est l'amour de soi-même, et de toutes choses pour soi ; il rend les hommes idolâtres d'eux-mêmes, et les rendrait les tyrans des autres si la fortune leur en donnait les moyens ; il ne se repose jamais hors de soi, et ne s'arrête dans les sujets étrangers que comme les abeilles sur les fleurs, pour en tirer ce qui lui est propre. Rien n'est si impétueux que ses désirs, rien de si caché que ses desseins, rien de si habile que ses conduites ; ses souplesses ne se peuvent représenter, ses transformations passent celles des métamorphoses, et ses raffinements ceux de la chimie. On ne peut sonder la profondeur, ni percer les ténèbres de ses abîmes. Là il est à couvert des yeux les plus pénétrants ; il y fait mille insensibles tours et retours. Là il est souvent invisible à lui-même, il y conçoit, il y nourrit, et il y élève, sans le savoir, un grand nombre d'affections et de haines ; il en forme de si monstrueuses que, lorsqu'il les a mises au jour, il les méconnaît, ou il ne peut se résoudre à les avouer. De cette nuit qui le couvre naissent les ridicules persuasions qu'il a de lui-même ; de là viennent ses erreurs, ses ignorances, ses grossièretés et ses niaiseries sur son sujet ; de là vient qu'il croit que ses sentiments sont morts lorsqu'ils ne sont qu'endormis, qu'il s'imagine n'avoir plus envie de courir dès qu'il se repose, et qu'il pense avoir perdu tous les goûts qu'il a rassasiés. Mais cette obscurité épaisse, qui le cache à lui-même, n'empêche pas qu'il ne voie parfaitement ce qui est hors de lui, en quoi il est semblable à nos yeux, qui découvrent tout, et sont aveugles seulement pour eux-mêmes. En effet dans ses plus grands intérêts, et dans ses plus importantes affaires, où la violence de ses souhaits appelle toute son attention, il voit, il sent, il entend, il imagine, il soupçonne, il pénètre, il devine tout ; de sorte qu'on est tenté de croire que chacune de ses passions a une espèce de magie qui lui est propre. Rien n'est si intime et si fort que ses attachements, qu'il essaye de rompre inutilement à la vue des malheurs extrêmes qui le menacent. Cependant il fait quelquefois en peu de temps, et sans aucun effort, ce qu'il n'a pu faire avec tous ceux dont il est capable dans le cours de plusieurs années ; d'où l'on pourrait conclure assez vraisemblablement que c'est par lui-même que ses désirs sont allumés, plutôt que par la beauté et par le mérite de ses objets ; que son goût est le prix qui les relève, et le fard qui les embellit ; que c'est après lui-même qu'il court, et qu'il suit son gré, lorsqu'il suit les choses qui sont à son gré. Il est tous les contraires : il est impérieux et obéissant, sincère et dissimulé, miséricordieux et cruel, timide et audacieux. Il a de différentes inclinations selon la diversité des tempéraments qui le tournent, et le dévouent tantôt à la gloire, tantôt aux richesses, et tantôt aux plaisirs ; il en change selon le changement de nos âges, de nos fortunes et de nos expériences ; mais il lui est indifférent d'en avoir plusieurs ou de n'en avoir qu'une, parce qu'il se partage en plusieurs et se ramasse en une quand il le faut, et comme il lui plaît. Il est inconstant, et outre les changements qui viennent des causes étrangères, il y en a une infinité qui naissent de lui, et de son propre fonds ; il est inconstant d'inconstance, de légèreté, d'amour, de nouveauté, de lassitude et de dégoût ; il est capricieux, et on le voit quelquefois travailler avec le dernier empressement, et avec des travaux incroyables, à obtenir des choses qui ne lui sont point avantageuses, et qui même lui sont nuisibles, mais qu'il poursuit parce qu'il les veut. Il est bizarre, et met souvent toute son application dans les emplois les plus frivoles ; il trouve tout son plaisir dans les plus fades, et conserve toute sa fierté dans les plus méprisables. Il est dans tous les états de la vie, et dans toutes les conditions ; il vit partout, et il vit de tout, il vit de rien ; il s'accommode des choses, et de leur privation ; il passe même dans le parti des gens qui lui font la guerre, il entre dans leurs desseins ; et ce qui est admirable, il se hait lui-même avec eux, il conjure sa perte, il travaille même à sa ruine. Enfin il ne se soucie que d'être, et pourvu qu'il soit, il veut bien être son ennemi. Il ne faut donc pas s'étonner s'il se joint quelquefois à la plus rude austérité, et s'il entre si hardiment en société avec elle pour se détruire, parce que, dans le même temps qu'il se ruine en un endroit, il se rétablit en un autre ; quand on pense qu'il quitte son plaisir, il ne fait que le suspendre, ou le changer, et lors même qu'il est vaincu et qu'on croit en être défait, on le retrouve qui triomphe dans sa propre défaite. Voilà la peinture de l'amour-propre, dont toute la vie n'est qu'une grande et longue agitation ; la mer en est une image sensible, et l'amour-propre trouve dans le flux et le reflux de ses vagues continuelles une fidèle expression de la succession turbulente de ses pensées, et de ses éternels mouvements.

2

Toutes les passions ne sont autre chose que les divers degrés de la chaleur, et de la froideur, du sang.

3

La modération dans la bonne fortune n'est que l'appréhension de la honte qui suit l'emportement, ou la peur de perdre ce que l'on a.

4

La modération est comme la sobriété : on voudrait bien manger davantage, mais on craint de se faire mal.

5

Tout le monde trouve à redire en autrui ce qu'on trouve à redire en lui.

6

L'orgueil, comme lassé de ses artifices et de ses

différentes métamorphoses, après avoir joué tout seul tous les personnages de la comédie humaine, se montre avec un visage naturel, et se découvre par la fierté ; de sorte qu'à proprement parler la fierté est l'éclat et la déclaration de l'orgueil.

7

La complexion qui fait le talent pour les petites choses est contraire à celle qu'il faut pour le talent des grandes.

8

C'est une espèce de bonheur, de connaître jusques à quel point on doit être malheureux.

9

On n'est jamais si malheureux qu'on croit, ni si heureux qu'on avait espéré.

10

On se console souvent d'être malheureux par un certain plaisir qu'on trouve à le paraître.

11

Il faudrait pouvoir répondre de sa fortune, pour pouvoir répondre de ce que l'on fera.

12

Comment peut-on répondre de ce qu'on voudra à

l'avenir, puisque l'on ne sait pas précisément ce que l'on veut dans le temps présent ?

13

L'amour est à l'âme de celui qui aime ce que l'âme est au corps qu'elle anime.

14

La justice n'est qu'une vive appréhension qu'on ne nous ôte ce qui nous appartient ; de là vient cette considération et ce respect pour tous les intérêts du prochain, et cette scrupuleuse application à ne lui faire aucun préjudice ; cette crainte retient l'homme dans les bornes des biens que la naissance, ou la fortune, lui ont donnés, et sans cette crainte il ferait des courses continuelles sur les autres.

15

La justice, dans les juges qui sont modérés, n'est que l'amour de leur élévation.

16

On blâme l'injustice, non pas par l'aversion que l'on a pour elle, mais pour le préjudice que l'on en reçoit.

17

Le premier mouvement de joie que nous avons du bonheur de nos amis ne vient ni de la bonté de notre naturel, ni de l'amitié que nous avons pour eux ; c'est un effet de l'amour-propre qui nous flatte de l'espérance d'être heureux à notre tour, ou de retirer quelque utilité de leur bonne fortune.

18

Dans l'adversité de nos meilleurs amis, nous trouvons toujours quelque chose qui ne nous déplaît pas.

19

L'aveuglement des hommes est le plus dangereux effet de leur orgueil : il sert à le nourrir et à l'augmenter, et nous ôte la connaissance des remèdes qui pourraient soulager nos misères et nous guérir de nos défauts.

20

On n'a plus de raison, quand on n'espère plus d'en trouver aux autres.

21

Les philosophes, et Sénèque surtout, n'ont point ôté les crimes par leurs préceptes : ils n'ont fait que les employer au bâtiment de l'orgueil.

22

Les plus sages le sont dans les choses indifférentes, mais ils ne le sont presque jamais dans leurs plus sérieuses affaires.

23

La plus subtile folie se fait de la plus subtile sagesse.

24

La sobriété est l'amour de la santé, ou l'impuissance de manger beaucoup.

25

Chaque talent dans les hommes, de même que chaque arbre, a ses propriétés et ses effets qui lui sont tous particuliers. [V.]

26

On n'oublie jamais mieux les choses que quand on s'est lassé d'en parler.

27

La modestie, qui semble refuser les louanges, n'est en effet qu'un désir d'en avoir de plus délicates.

28

On ne blâme le vice et on ne loue la vertu que par intérêt.

29

L'amour-propre empêche bien que celui qui nous flatte ne soit jamais celui qui nous flatte le plus.

30

On ne fait point de distinction dans les espèces de colères, bien qu'il y en ait une légère et quasi innocente, qui vient de l'ardeur de la complexion, et une autre très criminelle, qui est à proprement parler la fureur de l'orgueil.

31

Les grandes âmes ne sont pas celles qui ont moins de passions et plus de vertu que les âmes communes, mais celles seulement qui ont de plus grands desseins.

32

La férocité naturelle fait moins de cruels que l'amour-propre.

33

On peut dire de toutes nos vertus ce qu'un poète italien a dit de l'honnêteté des femmes, que ce n'est souvent autre chose qu'un art de paraître honnête.

34

Ce que le monde nomme vertu n'est d'ordinaire qu'un fantôme formé par nos passions, à qui on donne un nom honnête, pour faire impunément ce qu'on veut.

35

Nous n'avouons jamais nos défauts que par vanité.

36

On ne trouve point dans l'homme le bien ni le mal dans l'excès.

37

Ceux qui sont incapables de commettre de grands crimes n'en soupçonnent pas facilement les autres.

38

La pompe des enterrements regarde plus la vanité des vivants que l'honneur des morts.

39

Quelque incertitude et quelque variété qui paraissent dans le monde, on y remarque néanmoins un certain enchaînement secret, et un ordre réglé de tout temps par la Providence, qui fait que chaque chose marche en son rang, et suit le cours de sa destinée.

40

L'intrépidité doit soutenir le cœur dans les conjurations, au lieu que la seule valeur lui fournit toute la fermeté qui lui est nécessaire dans les périls de la guerre.

41

Ceux qui voudraient définir la victoire par sa naissance seraient tentés comme les poètes de l'appeler la fille du Ciel, puisqu'on ne trouve point son origine sur la terre. En effet elle est produite par une infinité d'actions qui, au lieu de l'avoir pour but, regardent seulement les intérêts particuliers de ceux qui les font, puisque tous ceux qui composent une armée, allant à leur propre gloire et à leur élévation, procurent un bien si grand et si général.

42

On ne peut répondre de son courage quand on n'a jamais été dans le péril.

43

L'imitation est toujours malheureuse, et tout ce qui est contrefait déplaît avec les mêmes choses qui charment lorsqu'elles sont naturelles.

44

Il est bien malaisé de distinguer la bonté générale, et répandue sur tout le monde, de la grande habileté.

45

Pour pouvoir être toujours bon, il faut que les autres croient qu'ils ne peuvent jamais nous être impunément méchants.

46

La confiance de plaire est souvent un moyen de déplaire infailliblement.

47

La confiance que l'on a en soi fait naître la plus grande partie de celle que l'on a aux autres.

48

Il y a une révolution générale qui change le goût des esprits, aussi bien que les fortunes du monde.

49

La vérité est le fondement et la raison de la perfection, et de la beauté ; une chose, de quelque nature qu'elle soit, ne saurait être belle, et parfaite, si elle n'est véritablement tout ce qu'elle doit être, et si elle n'a tout ce qu'elle doit avoir.

50

Il y a de belles choses qui ont plus d'éclat quand elles demeurent imparfaites que quand elles sont trop achevées.

51

La magnanimité est un noble effort de l'orgueil par lequel il rend l'homme maître de lui-même pour le rendre maître de toutes choses.

52

Le luxe et la trop grande politesse dans les États sont le présage assuré de leur décadence parce que, tous les particuliers s'attachant à leurs intérêts propres, ils se détournent du bien public.

53

Rien ne prouve tant que les philosophes ne sont pas si persuadés qu'ils disent que la mort n'est pas un mal, que le tourment qu'ils se donnent pour établir l'immortalité de leur nom par la perte de la vie.

54

De toutes les passions celle qui est la plus inconnue à nous-mêmes, c'est la paresse ; elle est la plus ardente et la plus maligne de toutes, quoique sa violence soit insensible, et que les dommages qu'elle cause soient très cachés ; si nous considérons attentivement son pouvoir, nous verrons qu'elle se rend en toutes rencontres maîtresse de nos sentiments, de nos intérêts et de nos plaisirs ; c'est la rémore qui a la force d'arrêter les plus grands vaisseaux, c'est une bonace plus dangereuse aux plus importantes affaires que les écueils, et que les plus grandes tempêtes ; le repos de la paresse est un charme secret de l'âme qui suspend soudainement les plus ardentes poursuites et les plus opiniâtres résolutions ; pour donner enfin la véritable idée de cette passion, il faut dire que la paresse est comme une béatitude de l'âme, qui la console de toutes ses pertes, et qui lui tient lieu de tous les biens.

55

Il est plus facile de prendre de l'amour quand on n'en a pas, que de s'en défaire quand on en a.

56

La plupart des femmes se rendent plutôt par faiblesse que par passion ; de là vient que pour l'ordinaire les hommes entreprenants réussissent mieux que les autres, quoiqu'ils ne soient pas plus aimables.

57

N'aimer guère en amour est un moyen assuré pour être aimé.

58

La sincérité que se demandent les amants et les maîtresses, pour savoir l'un et l'autre quand ils cesseront de s'aimer, est bien moins pour vouloir être avertis quand on ne les aimera plus que pour être mieux assurés qu'on les aime lorsque l'on ne dit point le contraire.

59

La plus juste comparaison qu'on puisse faire de l'amour, c'est celle de la fièvre ; nous n'avons non plus de pouvoir sur l'un que sur l'autre, soit pour sa violence ou pour sa durée.

60

La plus grande habileté des moins habiles est de se savoir soumettre à la bonne conduite d'autrui.

2° Maxime retranchée
après la deuxième édition

61

Quand on ne trouve pas son repos en soi-même, il est inutile de le chercher ailleurs.

3° Maximes retranchées
après la quatrième édition

62

Comme on n'est jamais en liberté d'aimer, ou de cesser d'aimer, l'amant ne peut se plaindre avec justice de l'inconstance de sa maîtresse, ni elle de la légèreté de son amant.

63

Quand nous sommes las d'aimer, nous sommes bien aises qu'on nous devienne infidèle, pour nous dégager de notre fidélité.

64

Comment prétendons-nous qu'un autre garde notre secret si nous ne pouvons le garder nous-mêmes ?

65

Il n'y en a point qui pressent tant les autres que les paresseux lorsqu'ils ont satisfait à leur paresse, afin de paraître diligents.

66

C'est une preuve de peu d'amitié de ne s'apercevoir pas du refroidissement de celle de nos amis.

67

Les rois font des hommes comme des pièces de

monnaie ; ils les font valoir ce qu'ils veulent, et l'on est forcé de les recevoir selon leur cours, et non pas selon leur véritable prix.

68

Il y a des crimes qui deviennent innocents et même glorieux par leur éclat, leur nombre et leur excès. De là vient que les voleries publiques sont des habiletés, et que prendre des provinces injustement s'appelle faire des conquêtes.

69

On donne plus aisément les bornes à sa reconnaissance qu'à ses espérances et qu'à ses désirs.

70

Nous ne regrettons pas toujours la perte de nos amis par la considération de leur mérite, mais par celle de nos besoins et de la bonne opinion qu'ils avaient de nous.

71

On aime à deviner les autres ; mais l'on n'aime pas à être deviné.

72

C'est une ennuyeuse maladie que de conserver sa santé par un trop grand régime.

73

On craint toujours de voir ce qu'on aime, quand on vient de faire des coquetteries ailleurs.

74

On doit se consoler de ses fautes, quand on a la force de les avouer.

Maximes écartées

1° *Maximes antérieures à la première édition, provenant du manuscrit de Liancourt* (M.E.1 — M.E.24), *des copies de 1663* (M.E.25), *de l'édition de Hollande* (M.E.26 — M.E.27).

1

Comme la plus heureuse personne du monde est celle à qui peu de choses suffit, les grands et les ambitieux sont en ce point les plus misérables qu'il leur faut l'assemblage d'une infinité de biens pour les rendre heureux.

2

La finesse n'est qu'une pauvre habileté.

3

Les philosophes ne condamnent les richesses que par le mauvais usage que nous en faisons ; il dépend de nous de les acquérir et de nous en servir sans crime et, au lieu qu'elles nourrissent et accroissent les vices, comme le bois entretient et augmente le feu, nous pouvons les consacrer à toutes les vertus et les rendre même par là plus agréables et plus éclatantes.

4

La ruine du prochain plaît aux amis et aux ennemis.

5

On ne saurait compter toutes les espèces de vanité.

6

Ce qui nous empêche souvent de bien juger des sentences qui prouvent la fausseté des vertus, c'est que nous croyons trop aisément qu'elles sont véritables en nous.

7

Nous craignons toutes choses comme mortels, et nous désirons toutes choses comme si nous étions immortels.

8

Une preuve convaincante que l'homme n'a pas été créé comme il est, c'est que plus il devient raisonnable et plus il rougit en soi-même de l'extravagance, de la bassesse et de la corruption de ses sentiments et de ses inclinations.

9

Il ne faut pas s'offenser que les autres nous cachent la vérité puisque nous nous la cachons si souvent nous-mêmes.

10

Il semble que c'est le diable qui a tout exprès placé la paresse sur la frontière de plusieurs vertus.

11

La fin du bien est un mal ; la fin du mal est un bien.

12

On blâme aisément les défauts des autres, mais on s'en sert rarement à corriger les siens.

13

Les biens et les maux qui nous arrivent ne nous touchent pas selon leur grandeur, mais selon notre sensibilité.

14

Ceux qui prisent trop leur noblesse ne prisent d'ordinaire pas assez ce qui en est l'origine.

15

Le remède de la jalousie est la certitude de ce

qu'on craint, parce qu'elle cause la fin de la vie ou la fin de l'amour ; c'est un cruel remède, mais il est plus doux que les doutes et les soupçons.

16

Il est difficile de comprendre combien est grande la ressemblance et la différence qu'il y a entre tous les hommes.

17

Ce qui fait tant disputer contre les maximes qui découvrent le cœur de l'homme, c'est que l'on craint d'y être découvert.

18

On peut toujours ce qu'on veut, pourvu qu'on le veuille bien.

19

L'homme est si misérable que, tournant toutes ses conduites à satisfaire ses passions, il gémit incessamment sous leur tyrannie ; il ne peut supporter ni leur violence ni celle qu'il faut qu'il se fasse pour s'affranchir de leur joug ; il trouve du dégoût non seulement dans ses vices, mais encore dans leurs remèdes, et ne peut s'accommoder ni des chagrins de ses maladies ni du travail de sa guérison.

20

Dieu a permis, pour punir l'homme du péché original, qu'il se fît un dieu de son amour-propre pour en être tourmenté dans toutes les actions de sa vie.

21

L'espérance et la crainte sont inséparables, et il n'y a point de crainte sans espérance ni d'espérance sans crainte.

22

Le pouvoir que les personnes que nous aimons ont sur nous est presque toujours plus grand que celui que nous y avons nous-mêmes.

23

Ce qui nous fait croire si facilement que les autres ont des défauts, c'est la facilité que l'on a de croire ce qu'on souhaite.

24

L'intérêt est l'âme de l'amour-propre, de sorte que, comme le corps, privé de son âme, est sans vue, sans ouïe, sans connaissance, sans sentiment et sans mouvement, de même l'amour-propre séparé, s'il le faut dire aussi, de son intérêt, ne voit, n'entend, ne sent et ne se remue plus ; de là vient qu'un même homme qui court la terre et les mers pour son intérêt devient soudainement paralytique pour l'intérêt des autres ; de là vient le soudain assoupissement et cette mort que nous causons à tous ceux à qui nous contons nos affaires ; de là vient leur prompte résur-

rection lorsque dans notre narration nous y mêlons
quelque chose qui les regarde ; de sorte que nous
voyons dans nos conversations et dans nos traités
que dans un même moment un homme perd
connaissance et revient à soi, selon que son propre
intérêt s'approche de lui ou qu'il s'en retire.

25

Si on avait ôté de ce que l'on appelle force le désir
de conserver, et la crainte de perdre, il ne lui reste-
rait pas grand-chose.

26

La familiarité est un relâchement presque de
toutes les règles de la vie civile, que le libertinage a
introduit dans la société pour nous faire parvenir à
celle qu'on appelle commode. C'est un effet de
l'amour-propre qui, voulant tout accommoder à
notre faiblesse, nous soustrait à l'honnête sujétion
que nous imposent les bonnes mœurs et, pour chercher trop les moyens de nous les rendre commodes,
le[s] fait dégénérer en vices. Les femmes, ayant naturellement plus de mollesse que les hommes, tombent
plutôt dans ce relâchement, et y perdent davantage :
l'autorité du sexe ne se maintient pas, le respect
qu'on lui doit diminue, et l'on peut dire que l'honnête y perd la plus grande partie de ses droits.

27

La raillerie est une gaieté agréable de l'esprit, qui
enjoue la conversation, et qui lie la société si elle est

obligeante, ou qui la trouble si elle ne l'est pas. Elle est plus pour celui qui la fait que pour celui qui la souffre. C'est toujours un combat de bel esprit, que produit la vanité ; d'où vient que ceux qui en manquent pour la soutenir, et ceux qu'un défaut reproché fait rougir, s'en offensent également, comme d'une défaite injurieuse qu'ils ne sauraient pardonner. C'est un poison qui tout pur éteint l'amitié et excite la haine, mais qui corrigé par l'agrément de l'esprit, et la flatterie de la louange, l'acquiert ou la conserve ; et il en faut user sobrement avec ses amis et avec les faibles.

2° *Maximes composées entre la deuxième (1666) et la troisième édition (1671), provenant de la lettre 43, de 1667* (M.E.28 à M.E.30) *et du manuscrit 6041 de l'Arsenal* (M.E.31 et 32).

28

Les passions ne sont que les divers goûts de l'amour-propre.

29

L'extrême ennui sert à nous désennuyer.

30

On loue et on blâme la plupart des choses parce que c'est la mode de les louer ou de les blâmer.

31

Nos actions paraissent moins par ce qu'elles sont que par le jour qu'il plaît à la fortune de leur donner.

32

On se venge quelquefois mieux de ses ennemis en leur faisant du bien qu'en leur faisant du mal.

3° *Maximes composées entre la troisième (1671) et la quatrième édition (1675), provenant de la lettre 44* (M.E.33) *et du* Supplément *de 1693* (M.E.34 à M.E.57).

33

Il n'est jamais plus difficile de bien parler que lorsqu'on ne parle que de peur de se taire.

34

Force gens veulent être dévots, mais personne ne veut être humble.

35

Le travail du corps délivre des peines de l'esprit, et c'est ce qui rend les pauvres heureux.

36

Les véritables mortifications sont celles qui ne sont point connues ; la vanité rend les autres faciles.

37

L'humilité est l'autel sur lequel Dieu veut qu'on lui offre des sacrifices.

38

Il faut peu de choses pour rendre le sage heureux ; rien ne peut rendre un fol content ; c'est pourquoi presque tous les hommes sont misérables.

39

Nous nous tourmentons moins pour devenir heureux que pour faire croire que nous le sommes.

40

Il est bien plus aisé d'éteindre un premier désir que de satisfaire tous ceux qui le suivent.

41

La sagesse est à l'âme ce que la santé est pour le corps.

42

Les grands de la terre ne pouvant donner la santé du corps ni le repos d'esprit, on achète toujours trop cher tous les biens qu'ils peuvent faire.

43

Avant que de désirer fortement une chose, il faut examiner quel est le bonheur de celui qui la possède.

44

Un véritable ami est le plus grand de tous les biens et celui de tous qu'on songe le moins à acquérir.

45

Les amants ne voient les défauts de leurs maîtresses que lorsque leur enchantement est fini.

46

La prudence et l'amour ne sont pas faits l'un pour
l'autre : à mesure que l'amour croît, la prudence
diminue.

47

Il est quelquefois agréable à un mari d'avoir une
femme jalouse : il entend toujours parler de ce qu'il
aime.

48

Qu'une femme est à plaindre, quand elle a tout
ensemble de l'amour et de la vertu.

49

Le sage trouve mieux son compte à ne point
s'engager qu'à vaincre.

50

Il est plus nécessaire d'étudier les hommes que les
livres.

51

Le bonheur ou le malheur vont d'ordinaire à ceux
qui ont le plus de l'un ou de l'autre.

52

On ne se blâme que pour être loué.

53

Il n'est rien de plus naturel ni de plus trompeur
que de croire qu'on est aimé.

54

Nous aimons mieux voir ceux à qui nous faisons
du bien que ceux qui nous en font.

55

Il est plus difficile de dissimuler les sentiments
que l'on a que de feindre ceux que l'on n'a pas.

56

Les amitiés renouées demandent plus de soins que
celles qui n'ont jamais été rompues.

57

Un homme à qui personne ne plaît est bien plus
malheureux que celui qui ne plaît à personne.

Réflexions diverses

I. DU VRAI

Le vrai, dans quelque sujet qu'il se trouve, ne peut être effacé par aucune comparaison d'un autre vrai, et quelque différence qui puisse être entre deux sujets, ce qui est vrai dans l'un n'efface point ce qui est vrai dans l'autre : ils peuvent avoir plus ou moins d'étendue et être plus ou moins éclatants, mais ils sont toujours égaux par leur vérité, qui n'est pas plus vérité dans le plus grand que dans le plus petit. L'art de la guerre est plus étendu, plus noble et plus brillant que celui de la poésie ; mais le poète et le conquérant sont comparables l'un à l'autre ; comme aussi, en tant qu'ils sont véritablement ce qu'ils sont, le législateur et le peintre, etc.

Deux sujets de même nature peuvent être différents, et même opposés, comme le sont Scipion et Annibal, Fabius Maximus et Marcellus ; cependant, parce que leurs qualités sont vraies, elles subsistent en présence l'une de l'autre, et ne s'effacent point par la comparaison. Alexandre et César donnent des royaumes ; la veuve donne une pite : quelque différents que soient ces présents, la libéralité est vraie et égale en chacun d'eux, et chacun donne à proportion de ce qu'il est.

Un sujet peut avoir plusieurs vérités, et un autre sujet peut n'en avoir qu'une : le sujet qui a plusieurs vérités est d'un plus grand prix, et peut briller par des endroits où l'autre ne brille pas ; mais dans l'endroit où l'un et l'autre est vrai, ils brillent également. Épaminondas était grand capitaine, bon citoyen, grand philosophe ; il était plus estimable que Virgile, parce qu'il avait plus de vérités que lui ; mais comme grand capitaine, Épaminondas n'était pas plus excellent que Virgile comme grand poète, parce que, par cet endroit, il n'était pas plus vrai que lui. La cruauté de cet enfant qu'un consul fit mourir pour avoir crevé les yeux d'une corneille était moins importante que celle de Philippe second, qui fit mourir son fils, et elle était peut-être mêlée avec moins d'autres vices ; mais le degré de cruauté exercée sur un simple animal ne laisse pas de tenir son rang avec la cruauté des princes les plus cruels, parce que leurs différents degrés de cruauté ont une vérité égale.

Quelque disproportion qu'il y ait entre deux maisons qui ont les beautés qui leur conviennent, elles ne s'effacent point l'une l'autre : ce qui fait que Chantilly n'efface point Liancourt, bien qu'il ait infiniment plus de diverses beautés, et que Liancourt n'efface pas aussi Chantilly, c'est que Chantilly a les beautés qui conviennent à la grandeur de Monsieur le Prince, et que Liancourt a les beautés qui conviennent à un particulier, et qu'ils ont chacun de vrais beautés. On voit néanmoins des femmes d'une beauté, éclatante, mais irrégulière, qui en effacent souvent de plus véritablement belles ; mais comme le goût, qui se prévient aisément, est le juge de la beauté, et que la beauté des plus belles personnes n'est pas toujours égale, s'il arrive que les moins belles effacent les autres, ce sera seulement durant quelques moments ; ce sera que la différence de la lumière et du jour fera plus ou moins discerner la vérité qui est dans les traits ou dans les couleurs, qu'elle fera paraître ce que la moins belle aura de beau, et empêchera de paraître ce qui est de vrai et de beau dans l'autre.

II. DE LA SOCIÉTÉ

Mon dessein n'est pas de parler de l'amitié en parlant de la société ; bien qu'elles aient quelque rapport, elles sont néanmoins très différentes : la première a plus d'élévation et de dignité, et le plus grand mérite de l'autre, c'est de lui ressembler. Je ne parlerai donc présentement que du commerce particulier que les honnêtes gens doivent avoir ensemble.

Il serait inutile de dire combien la société est nécessaire aux hommes : tous la désirent et tous la cherchent, mais peu se servent des moyens de la rendre agréable et de la faire durer. Chacun veut trouver son plaisir et ses avantages aux dépens des autres ; on se préfère toujours à ceux avec qui on se propose de vivre, et on leur fait presque toujours sentir cette préférence ; c'est ce qui trouble et qui détruit la société. Il faudrait du moins savoir cacher ce désir de préférence, puisqu'il est trop naturel en nous pour nous en pouvoir défaire ; il faudrait faire son plaisir et celui des autres, ménager leur amour-propre, et ne le blesser jamais.

L'esprit a beaucoup de part à un si grand ouvrage, mais il ne suffit pas seul pour nous conduire dans les divers chemins qu'il faut tenir. Le rapport qui se rencontre entre les esprits ne maintiendrait pas long-temps la société, si elle n'était réglée et soutenue par le bon sens, par l'humeur, et par des égards qui doivent être entre les personnes qui veulent vivre ensemble. S'il arrive quelquefois que des gens opposés d'humeur et d'esprit paraissent unis, ils tiennent sans doute par des liaisons étrangères, qui ne durent pas longtemps. On peut être aussi en société avec des personnes sur qui nous avons de la supériorité par la naissance ou par des qualités personnelles ; mais ceux qui ont cet avantage n'en doivent pas abuser ; ils doivent rarement le faire sentir, et ne s'en servir que pour instruire les autres ; ils doivent les faire apercevoir qu'ils ont besoin d'être conduits, et les mener par raison, en s'accommodant autant qu'il est possible à leurs sentiments et à leurs intérêts.

Pour rendre la société commode, il faut que chacun conserve sa liberté : il faut se voir, ou ne se voir point, sans sujétion, se divertir ensemble, et même s'ennuyer ensemble ; il faut se pouvoir séparer, sans que cette séparation apporte de changement ; il faut se pouvoir passer les uns des autres, si on ne veut pas s'exposer à embarrasser quelquefois, et on doit se souvenir qu'on incommode souvent, quand on croit ne pouvoir jamais incommoder. Il faut contribuer, autant qu'on le peut, au divertissement des personnes avec qui on veut vivre ; mais il ne faut pas être toujours chargé du soin d'y contribuer. La complaisance est nécessaire dans la société, mais elle doit avoir des bornes : elle devient une servitude quand elle est excessive ; il faut du moins qu'elle paraisse libre, et qu'en suivant le sentiment de nos amis, ils soient persuadés que c'est le nôtre aussi que nous suivons.

Il faut être facile à excuser nos amis, quand leurs défauts sont nés avec eux, et qu'ils sont moindres que leurs bonnes qualités ; il faut souvent éviter de leur faire voir qu'on les ait remarqués et qu'on en soit choqué, et on doit essayer de faire en sorte qu'ils puissent s'en apercevoir eux-mêmes, pour leur laisser le mérite de s'en corriger.

Il y a une sorte de politesse qui est nécessaire dans le commerce des honnêtes gens ; elle leur fait entendre raillerie, et elle les empêche d'être choqués et de choquer les autres par de certaines façons de parler trop sèches et trop dures, qui échappent souvent sans y penser, quand on soutient son opinion avec chaleur.

Le commerce des honnêtes gens ne peut subsister sans une certaine sorte de confiance ; elle doit être commune entre eux ; il faut que chacun ait un air de sûreté et de discrétion qui ne donne jamais lieu de craindre qu'on puisse rien dire par imprudence.

Il faut de la variété dans l'esprit : ceux qui n'ont que d'une sorte d'esprit ne peuvent plaire longtemps. On peut prendre des routes diverses, n'avoir pas les mêmes vues ni les mêmes talents, pourvu qu'on aide au plaisir de la société, et qu'on y observe la même justesse que les différentes voix et les divers instruments doivent observer dans la musique.

Comme il est malaisé que plusieurs personnes puissent avoir les mêmes intérêts, il est nécessaire au moins, pour la douceur de la société, qu'ils n'en aient pas de contraires. On doit aller au-devant de ce qui peut plaire à ses amis, chercher les moyens de leur être utile, leur épargner des chagrins, leur faire voir qu'on les partage avec eux quand on ne peut les détourner, les effacer insensiblement sans prétendre de les arracher tout d'un coup, et mettre en la place des objets agréables, ou du moins qui les occupent. On peut leur parler des choses qui les regardent, mais ce n'est qu'autant qu'ils le permettent, et on y doit garder beaucoup de mesure ; il y a de la politesse, et quelquefois même de l'humanité, à ne pas entrer trop avant dans les replis de leur cœur ; ils ont souvent de la peine à laisser voir tout ce qu'ils en connaissent, et ils en ont encore davantage quand on pénètre ce qu'ils ne connaissent pas. Bien que le commerce que les honnêtes gens ont ensemble leur donne de la familiarité, et leur fournisse un nombre infini de sujets de se parler sincèrement, personne presque n'a assez de docilité et de bon sens pour bien recevoir plusieurs avis qui sont nécessaires pour maintenir la société : on veut être averti jusqu'à un certain point, mais on ne veut pas l'être en toutes choses, et on craint de savoir toutes sortes de vérités.

Comme on doit garder des distances pour voir les objets, il en faut garder aussi pour la société : chacun a son point de vue, d'où il veut être regardé ; on a raison, le plus souvent, de ne vouloir pas être éclairé de trop près, et il n'y a presque point d'homme qui veuille, en toutes choses, se laisser voir tel qu'il est.

III. DE L'AIR ET DES MANIÈRES

Il y a un air qui convient à la figure et aux talents de chaque personne ; on perd toujours quand on le quitte pour en prendre un autre. Il faut essayer de connaître celui qui nous est naturel, n'en point sortir, et le perfectionner autant qu'il nous est possible.

Ce qui fait que la plupart des petits enfants plaisent, c'est qu'ils sont encore renfermés dans cet air et dans ces manières que la nature leur a donnés, et qu'ils n'en connaissent point d'autres. Ils les changent et les corrompent quand ils sortent de l'enfance : ils croient qu'il faut imiter ce qu'ils voient faire aux autres, et ils ne le peuvent parfaitement imiter ; il y a toujours quelque chose de faux et d'incertain dans cette imitation. Ils n'ont rien de fixe dans leur manières ni dans leurs sentiments ; au lieu d'être en effet ce qu'ils veulent paraître, ils cherchent à paraître ce qu'ils ne sont pas. Chacun veut être un autre, et n'être plus ce qu'il est : ils cherchent une contenance hors d'eux-mêmes, et un autre esprit que le leur ; ils prennent des tons et des manières au hasard ; ils en font l'expérience sur eux, sans considérer que ce qui convient à quelques-uns ne convient pas à tout le monde, qu'il n'y a point de règle générale pour les tons et pour les manières, et qu'il n'y a point de bonnes copies. Deux hommes néanmoins peuvent avoir du rapport en plusieurs choses sans être copie l'un de l'autre, si chacun suit son naturel ; mais personne presque ne le suit entièrement. On aime à imiter ; on imite souvent, même sans s'en apercevoir, et on néglige ses propres biens pour des biens étrangers, qui d'ordinaire ne nous conviennent pas.

Je ne prétends pas, par ce que je dis, nous renfermer tellement en nous-mêmes que nous n'ayons pas la liberté de suivre des exemples, et de joindre à nous des qualités utiles ou nécessaires que la nature ne nous a pas données : les arts et les sciences conviennent à la plupart de ceux qui s'en rendent capables, la bonne grâce et la politesse conviennent à tout le monde ; mais ces qualités acquises doivent avoir un certain rapport et une certaine union avec nos propres qualités, qui les étendent et les augmentent imperceptiblement.

Nous sommes quelquefois élevés à un rang et à des dignités au-dessus de nous, nous sommes souvent engagés dans une profession nouvelle où la nature ne nous avait pas destinés ; tous ces états ont chacun un air qui leur convient, mais qui ne convient pas toujours avec notre air naturel ; ce changement de notre fortune change souvent notre air et nos manières, et y ajoute l'air de la dignité, qui est toujours faux quand il est trop marqué et qu'il n'est pas joint et confondu avec l'air que la nature nous a donné : il faut les unir et les mêler ensemble et qu'ils ne paraissent jamais séparés.

On ne parle pas de toutes choses sur un même ton et avec les mêmes manières ; on ne marche pas à la tête d'un régiment comme on marche en se promenant. Mais il faut qu'un même air nous fasse dire naturellement des choses différentes, et qu'il nous fasse marcher différemment, mais toujours naturellement, et comme il convient de marcher à la tête d'un régiment et à une promenade.

Il y en a qui ne se contentent pas de renoncer à leur air propre et naturel, pour suivre celui du rang et des dignités où ils sont parvenus ; il y en a même qui prennent par avance l'air des dignités et du rang où ils aspirent. *Combien de lieutenants généraux apprennent à paraître maréchaux de France ! Combien de gens de robe répètent inutilement l'air de chancelier et combien de bourgeoises se donnent l'air de duchesses* !

Ce qui fait qu'on déplaît souvent, c'est que personne ne sait accorder son air et ses manières avec sa figure, ni ses tons et ses paroles avec ses pensées et ses sentiments ; on trouble leur harmonie par quelque chose de faux et d'étranger ; on s'oublie soi-même, et on s'en éloigne insensiblement. Tout le monde presque tombe, par quelque endroit, dans ce défaut ; personne n'a l'oreille assez juste pour entendre parfaitement cette sorte de cadence. Mille gens déplaisent avec des qualités aimables, mille gens plaisent avec de moindres talents : c'est que les uns veulent paraître ce qu'ils ne sont pas, les autres sont ce qu'ils paraissent ; et enfin, quelques avantages ou quelques désavantages que nous ayons reçus de la nature, on plaît à proportion de ce qu'on suit l'air, les tons, les manières et les sentiments qui conviennent à notre état et à notre figure, et on déplaît à proportion de ce qu'on s'en éloigne.

IV. DE LA CONVERSATION

Ce qui fait si peu de personnes sont agréables dans la conversation, c'est que chacun songe plus à ce qu'il veut dire qu'à ce que les autres disent. Il faut écouter ceux qui parlent, si on en veut être écouté ; il faut leur laisser la liberté de se faire entendre, et même de dire des choses inutiles. Au lieu de les contredire ou de les interrompre, comme on fait souvent, on doit, au contraire, entrer dans leur esprit et dans leur goût, montrer qu'on les entend, leur parler de ce qui les touche, louer ce qu'ils disent autant qu'il mérite d'être loué, et faire voir que c'est plus par choix qu'on le loue que par complaisance. Il faut éviter de contester sur des choses indifférentes, faire rarement des questions inutiles, ne laisser jamais croire qu'on prétend avoir plus de raison que les autres, et céder aisément l'avantage de décider.

On doit dire des choses naturelles, faciles et plus ou moins sérieuses, selon l'humeur et l'inclinaison des personnes que l'on entretient, ne les presser pas d'approuver ce qu'on dit, ni même d'y répondre. Quand on a satisfait de cette sorte aux devoirs de la politesse, on peut dire ses sentiments, sans prévention et sans opiniâtreté, en faisant paraître qu'on cherche à les appuyer de l'avis de ceux qui écoutent.

Il faut éviter de parler longtemps de soi-même, et

de se donner souvent pour exemple. On ne saurait avoir trop d'application à connaître la pente et la portée de ceux à qui on parle, pour se joindre à l'esprit de celui qui en a le plus, et pour ajouter ses pensées aux siennes, en lui faisant croire, autant qu'il est possible, que c'est de lui qu'on les prend. Il y a de l'habileté à n'épuiser pas les sujets qu'on traite, et à laisser toujours aux autres quelque chose à penser et à dire.

On ne doit jamais parler avec des airs d'autorité, ni se servir de paroles et de termes plus grands que les choses. On peut conserver ses opinions, si elles sont raisonnables ; mais en les conservant, il ne faut jamais blesser les sentiments des autres, ni paraître choqué de ce qu'ils ont dit. Il est dangereux de vouloir être toujours le maître de la conversation, et de parler trop souvent d'une même chose ; on doit entrer indifféremment sur tous les sujets agréables qui se présentent, et ne faire jamais voir qu'on veut entraîner la conversation sur ce qu'on a envie de dire.

Il est nécessaire d'observer que toute sorte de conversation, quelque honnête et quelque spirituelle qu'elle soit, n'est pas également propre à toute sorte d'honnêtes gens : il faut choisir ce qui convient à chacun, et choisir même le temps de le dire ; mais s'il y a beaucoup d'art à parler, il n'y en a pas moins à se taire. Il y a un silence éloquent : il sert quelquefois à approuver et à condamner ; il y a un silence moqueur ; il y a un silence respectueux ; il y a des airs, des tours et des manières qui font souvent ce qu'il y a d'agréable ou de désagréable, de délicat ou de choquant dans la conversation. Le secret de s'en bien servir est donné à peu de personnes ; ceux mêmes qui en font des règles s'y méprennent quelquefois ; la plus sûre, à mon avis, c'est de n'en point avoir qu'on ne puisse changer, de laisser plutôt voir des négligences dans ce qu'on dit que de l'affecation, d'écouter, de ne parler guère, et de ne se forcer jamais à parler.

V. DE LA CONFIANCE

Bien que la sincérité et la confiance aient du rapport, elles sont néanmoins différentes en plusieurs choses : la sincérité est une ouverture de cœur, qui nous montre tels que nous sommes ; c'est un amour de la vérité, une répugnance à se déguiser, un désir de se dédommager de ses défauts, et de les diminuer même par le mérite de les avouer. La confiance ne nous laisse pas tant de liberté, ses règles sont plus étroites, elle demande plus de prudence et de retenue, et nous ne sommes pas toujours libres d'en disposer : il ne s'agit pas de nous uniquement, et nos intérêts sont mêlés d'ordinaire avec les intérêts des autres. Elle a besoin d'une grande justesse pour ne livrer pas nos amis en nous livrant nous-mêmes, et pour ne faire pas des présents de leur bien dans la vue d'augmenter le prix de ce que nous donnons.

La confiance plaît toujours à celui qui la reçoit : c'est un tribut que nous payons à son mérite ; c'est un dépôt que l'on commet à sa foi ; ce sont des gages qui lui donnent un droit sur nous, et une sorte de dépendance où nous nous assujettissons volontairement. Je ne prétends pas détruire par ce que je dis la confiance, si nécessaire entre les hommes puisqu'elle est le lien de la société et de l'amitié ; je prétends seulement y mettre des bornes, et la rendre honnête et fidèle. Je veux qu'elle soit toujours vraie et toujours prudente, et qu'elle n'ait ni faiblesse ni intérêt ;

je sais bien qu'il est malaisé de donner de justes limites à la manière de recevoir toute sorte de confiance de nos amis, et de leur faire part de la nôtre.

On se confie le plus souvent par vanité, par envie de parler, par le désir de s'attirer la confiance des autres, et pour faire un échange de secrets. Il y a des personnes qui peuvent avoir raison de se fier en nous, vers qui nous n'aurions pas raison d'avoir la même conduite, et on s'acquitte envers ceux-ci en leur gardant le secret, et en les payant de légères confidences. Il y en a d'autres dont la fidélité nous est connue, qui ne ménagent rien avec nous, et à qui on peut se confier par choix et par estime. On doit ne leur rien cacher de ce qui ne regarde que nous, se montrer à eux toujours vrais dans nos bonnes qualités et dans nos défauts même, sans exagérer les unes et sans diminuer les autres, se faire une loi de ne leur faire jamais de demi-confidences ; elles embarrassent toujours ceux qui les font, et ne contentent presque jamais ceux qui les reçoivent : on leur donne des lumières confuses de ce qu'on veut cacher, on augmente leur curiosité, on les met en droit d'en vouloir savoir davantage, et ils se croient en liberté de disposer de ce qu'ils ont pénétré. Il est plus sûr et plus honnête de ne leur rien dire que de se taire quand on a commencé de parler.

Il y a d'autres règles à suivre pour les choses qui nous ont été confiées. Plus elles sont importantes, et plus la prudence et la fidélité y sont nécessaires. Tout le monde convient que le secret doit être inviolable, mais on ne convient pas toujours de la nature et de l'importance du secret ; nous ne consultons le plus souvent que nous-mêmes sur ce que nous devons dire et sur ce que nous devons taire, il y a peu de secrets de tous les temps, et le scrupule de les révéler ne dure pas toujours.

On a des liaisons étroites avec des amis dont on connaît la fidélité ; ils nous ont toujours parlé sans réserve, et nous avons toujours gardé les mêmes mesures avec eux ; ils savent nos habitudes et nos commerces, et ils nous voient de trop près pour ne s'apercevoir pas du moindre changement ; ils peuvent savoir par ailleurs ce que nous sommes engagés de ne dire jamais à personne ; il n'a pas été en notre pouvoir de les faire entrer dans ce qu'on nous a confié ; ils ont peut-être même quelque intérêt de le savoir ; on est assuré d'eux comme de soi, et on se voit réduit à la cruelle nécessité de perdre leur amitié, qui nous est précieuse, ou de manquer à la foi du secret. Cet état est sans doute la plus rude épreuve de la fidélité ; mais il ne doit pas ébranler un honnête homme : c'est alors qu'il lui est permis de se préférer aux autres ; son premier devoir est de conserver indispensablement ce dépôt en son entier, sans en peser les suites ; il doit non seulement ménager ses paroles et ses tons, il doit encore ménager ses conjectures, et ne laisser jamais rien voir, dans ses discours ni dans son air, qui puisse tourner l'esprit des autres vers ce qu'il ne veut pas dire.

On a souvent besoin de force et de prudence pour opposer à la tyrannie de la plupart de nos amis, qui se font un droit sur notre confiance, et qui veulent tout savoir de nous. On ne doit jamais leur laisser établir ce droit sans exception : il y a des rencontres et des circonstances qui ne sont pas de leur juridiction ; s'ils s'en plaignent, on doit souffrir leurs plaintes, et s'en justifier avec douceur ; mais s'ils demeurent injustes, on doit sacrifier leur amitié à son devoir, et choisir entre deux maux inévitables, dont l'un se peut réparer, et l'autre est sans remède.

VI. DE L'AMOUR ET DE LA MER

Ceux qui ont voulu nous représenter l'amour et ses caprices l'ont comparé en tant de sortes à la mer qu'il est malaisé de rien ajouter à ce qu'ils en ont dit. Ils nous ont fait voir que l'un et l'autre ont une inconstance et une infidélité égales, que leurs biens et leurs maux sont sans nombre, que les navigations les plus heureuses sont exposées à mille dangers, que les tempêtes et les écueils sont toujours à craindre, et que souvent même on fait naufrage dans le port. Mais en nous exprimant tant d'espérances et tant de craintes, ils ne nous ont pas assez montré, ce me semble, le rapport qu'il y a d'un amour usé, languissant et sur sa fin, à ces longues bonaces, à ces calmes ennuyeux, que l'on rencontre sous la ligne : on est fatigué d'un grand voyage, on souhaite de l'achever ; on voit la terre, mais on manque de vent pour y arriver ; on se voit exposé aux injures des saisons ; les maladies et les langueurs empêchent d'agir ; l'eau et les vivres manquent ou changent de goût ; on a recours inutilement aux secours étrangers ; on essaie de pêcher, et on prend quelques poissons, sans en tirer de soulagement ni de nourriture ; on est las de tout ce qu'on voit, on est toujours avec ses mêmes pensées, et on est toujours ennuyé ; on vit encore, et on a regret à vivre ; on attend des désirs pour sortir d'un état pénible et languissant, mais on n'en forme que de faibles et d'inutiles.

VII. DES EXEMPLES

Quelque différence qu'il y ait entre les bons et les mauvais exemples, on trouvera que les uns et les autres ont presque également produit de méchants effets. Je ne sais même si les crimes de Tibère et de

Néron ne nous éloignent pas plus du vice que les exemples estimables des plus grands hommes ne nous approchent de la vertu. Combien la valeur d'Alexandre a-t-elle fait de fanfarons ! Combien la gloire de César a-t-elle autorisé d'entreprises contre la patrie ! Combien Rome et Sparte ont-elles loué de vertus farouches ! Combien Diogène a-t-il fait de philosophes importuns, Cicéron de babillards, Pomponius Atticus de gens neutres et paresseux, Marius et Sylla de vindicatifs, Lucullus de voluptueux, Alcibiade et Antoine de débauchés, Caton d'opiniâtres ! Tous ces grands originaux ont produit un nombre infini de mauvaises copies. Les vertus sont frontières des vices ; les exemples sont des guides qui nous égarent souvent, et nous sommes si remplis de fausseté que nous ne nous en servons pas moins pour nous éloigner du chemin de la vertu que pour le suivre.

VIII. DE L'INCERTITUDE DE LA JALOUSIE

Plus on parle de sa jalousie, et plus les endroits qui ont déplu paraissent de différents côtés ; les moindres circonstances les changent, et font toujours découvrir quelque chose de nouveau. Ces nouveautés font revoir sous d'autres apparences ce qu'on croyait avoir assez vu et assez pesé ; on cherche à s'attacher à une opinion, et on ne s'attache à rien ; tout ce qui est de plus opposé et de plus effacé se présente en même temps ; on veut haïr et on veut aimer, mais on aime encore quand on hait, et on hait encore quand on aime ; on croit tout, et on doute de tout ; on a de la honte et du dépit d'avoir cru et d'avoir douté ; on se travaille incessamment pour arrêter son opinion, et on ne la conduit jamais à un lieu fixe.

Les poètes devraient comparer cette opinion à la peine de Sisyphe, puisqu'on roule aussi inutilement que lui un rocher, par un chemin pénible et périlleux : on voit le sommet de la montagne et on s'efforce d'y arriver, on l'espère quelquefois, mais on n'y arrive jamais. On n'est pas assez heureux pour oser croire ce qu'on souhaite, ni même assez heureux aussi pour être assuré de ce qu'on craint le plus. On est assujetti à une incertitude éternelle, qui nous présente successivement des biens et des maux qui nous échappent toujours.

IX. DE L'AMOUR ET DE LA VIE

L'amour est une image de notre vie : l'un et l'autre sont sujets aux mêmes révolutions et aux mêmes changements. Leur jeunesse est pleine de joie et d'espérance : on se trouve heureux d'être jeune, comme on se trouve heureux d'aimer. Cet état si agréable nous conduit à désirer d'autres biens, et on en veut de plus solides ; on ne se contente pas de subsister, on veut faire des progrès, on est occupé des moyens de s'avancer et d'assurer sa fortune ; on cherche la protection des ministres, on se rend utile à leurs intérêts ; on ne peut souffrir que quelqu'un prétende ce que nous prétendons. Cette émulation est traversée de mille soins et de mille peines, qui s'effacent par le plaisir de se voir établi : toutes les passions sont alors satisfaites, et on ne prévoit pas qu'on puisse cesser d'être heureux.

Cette félicité néanmoins est rarement de longue durée, et elle ne peut conserver longtemps la grâce de la nouveauté. Pour avoir ce que nous avons souhaité, nous ne laissons pas de souhaiter encore. Nous nous accoutumons à tout ce qui est à nous ; les mêmes biens ne conservent pas leur même prix, et ils ne touchent pas toujours également notre goût ; nous changeons imperceptiblement, sans remarquer notre changement ; ce que nous avons obtenu devient une partie de nous-mêmes : nous serions cruellement touchés de le perdre, mais nous ne sommes plus sensibles au plaisir de le conserver ; la joie n'est plus vive, on en cherche ailleurs que dans ce qu'on a tant désiré. Cette inconstance involontaire est un effet du temps, qui prend malgré nous sur l'amour comme sur notre vie ; il en efface insensiblement chaque jour un certain air de jeunesse et de gaieté, et en détruit les plus véritables charmes ; on prend des manières plus sérieuses, on joint des affaires à la passion ; l'amour ne subsiste plus par lui-même, et il emprunte des secours étrangers. Cet état de l'amour représente le penchant de l'âge, où on commence à voir par où on doit finir ; mais on n'a pas la force de finir volontairement, et dans le déclin de l'amour comme dans le déclin de la vie personne ne se peut résoudre de prévenir les dégoûts qui restent à éprouver ; on vit encore pour les maux, mais on ne vit plus pour les plaisirs. La jalousie, la méfiance, la crainte de lasser, la crainte d'être quitté, sont des peines attachées à la vieillesse de l'amour, comme les maladies sont attachées à la trop longue durée de la vie : on ne sent plus qu'on est vivant que parce qu'on sent qu'on est malade, et on ne sent aussi qu'on est amoureux que par sentir toutes les peines de l'amour. On ne sort de l'assoupissement des trop longs attachements que par le dépit et le chagrin de se voir toujours attaché ; enfin, de toutes les décrépitudes, celle de l'amour est la plus insupportable.

X. DES GOÛTS

Il y a des personnes qui ont plus d'esprit que de goût, et d'autres qui ont plus de goût que d'esprit ; il y a plus de variété et de caprice dans le goût que dans l'esprit.

Ce terme de *goût* a diverses significations, et il est aisé de s'y méprendre. Il y a différence entre le goût qui nous porte vers les choses, et le goût qui nous en fait connaître et discerner les qualités, en s'attachant aux règles : on peut aimer la comédie sans avoir le goût assez fin et assez délicat pour en bien juger, et on peut avoir le goût assez bon pour bien juger de la comédie sans l'aimer. Il y a des goûts qui nous approchent imperceptiblement de ce qui se montre à nous ; d'autres nous entraînent par leur force ou par leur durée.

Il y a des gens qui ont le goût faux en tout ; d'autres ne l'ont faux qu'en de certaines choses, et ils l'ont droit et juste dans ce qui est de leur portée. D'autres ont des goûts particuliers, qu'ils connaissent mauvais, et ne laissent pas de les suivre. Il y en a qui ont le goût incertain ; le hasard en décide ; ils changent par légèreté, et sont touchés de plaisir ou d'ennui sur la parole de leurs amis. D'autres sont toujours prévenus ; ils sont esclaves de tous leurs goûts, et les respectent en toutes choses. Il y en a qui sont sensibles à ce qui est bon, et choqués de ce qui ne l'est pas ; leurs vues sont nettes et justes, et ils trouvent la raison de leur goût dans leur esprit et dans leur discernement.

Il y en a qui, par une sorte d'instinct dont ils ignorent la cause, décident de ce qui se présente à eux, et prennent toujours le bon parti. Ceux-ci font paraître plus de goût que d'esprit, parce que leur amour-propre et leur humeur ne prévalent point sur leurs lumières naturelles ; tout agit de concert en eux, tout y est sur un même ton. Cet accord les fait juger sainement des objets, et leur en forme une idée véritable ; mais, à parler généralement, il y a peu de gens qui aient le goût fixe et indépendant de celui des autres ; ils suivent l'exemple et la coutume, et ils en empruntent presque tout ce qu'ils ont de goût.

Dans toutes ces différences de goûts que l'on vient de marquer, il est très rare, et presque impossible, de rencontrer cette sorte de bon goût qui sait donner le prix à chaque chose, qui en connaît toute la valeur, et qui se porte généralement sur tout : nos connaissances sont trop bornées, et cette juste disposition des qualités qui font bien juger ne se maintient d'ordinaire que sur ce qui ne nous regarde pas directement. Quand il s'agit de nous, notre goût n'a plus cette justesse si nécessaire, la préoccupation la trouble, tout ce qui a du rapport à nous nous paraît sous une autre figure. Personne ne voit des mêmes yeux ce qui le touche et ce qui ne le touche pas ; notre goût est conduit alors par la pente de l'amour-propre et de l'humeur, qui nous fournissent des vues nouvelles, et nous assujettissent à un nombre fini de changements et d'incertitudes ; notre goût n'est plus à nous, nous n'en disposons plus, il change sans notre consentement, et les mêmes objets nous paraissent par tant de côtés différents que nous méconnaissons enfin ce que nous avons vu et ce que nous avons senti.

XI. DU RAPPORT DES HOMMES
AVEC LES ANIMAUX

Il y a autant de diverses espèces d'hommes qu'il y a

de diverses espèces d'animaux, et les hommes sont, à l'égard des autres hommes, ce que les différentes espèces d'animaux sont entre elles et à l'égard les unes des autres. Combien y-a-t-il d'hommes qui vivent du sang et de la vie des innocents, les uns comme des tigres, toujours farouches et toujours cruels, d'autres comme des lions, en gardant quelque apparence de générosité, d'autres comme des ours, grossiers et avides, d'autres comme des loups, ravissants et impitoyables, d'autres comme des renards, qui vivent d'industrie, et dont le métier est de tromper !

Combien y a-t-il d'hommes qui ont du rapport aux chiens ! Ils détruisent leur espèce ; ils chassent pour le plaisir de celui qui les nourrit ; les uns suivent toujours leur maître, les autres gardent sa maison. Il y a des lévriers d'attache, qui vivent de leur valeur, qui se destinent à la guerre, et qui ont de la noblesse dans leur courage ; il y a des dogues acharnés, qui n'ont de qualités que la fureur ; il y a des chiens, plus ou moins inutiles, qui aboient souvent, et qui mordent quelquefois, et il y a même des chiens de jardinier. Il y a des singes et des guenons qui plaisent par leurs manières, qui ont de l'esprit, et qui font toujours du mal. Il y a des paons qui n'ont que de la beauté, qui déplaisent par leur chant, et qui détruisent les lieux qu'ils habitent.

Il y a des oiseaux qui ne sont recommandables que par leur ramage ou par leurs couleurs. Combien de perroquets, qui parlent sans cesse, et qui n'entendent jamais ce qu'ils disent ; combien de pies et de corneilles, qui ne s'apprivoisent que pour dérober ; combien d'oiseaux de proie, qui ne vivent que de rapine ; combien d'espèces d'animaux paisibles et tranquilles, qui ne servent qu'à nourrir d'autres animaux !

Il y a des chats, toujours au guet, malicieux et infidèles, et qui font patte de velours ; il y a des vipères dont la langue est venimeuse, et dont le reste est utile ; il y a des araignées, des mouches, des punaises et des puces, qui sont toujours incommodes et insupportables ; il y a des crapauds, qui font horreur, et qui n'ont que du venin ; il y a des hiboux, qui craignent la lumière. Combien d'animaux qui vivent sous terre pour se conserver ! Combien de chevaux, qu'on emploie à tant d'usages, et qu'on abandonne quand ils ne servent plus ; combien de bœufs, qui travaillent toute leur vie pour enrichir celui qui leur impose le joug ; de cigales, qui passent leur vie à chanter ; de lièvres, qui ont peur de tout ; de lapins, qui s'épouvantent et rassurent en un moment ; de pourceaux, qui vivent dans la crapule et dans l'ordure ; de canards privés, qui trahissent leurs semblables, et les attirent dans les filets, de corbeaux et de vautours, qui ne vivent que de pourriture et de corps morts ! Combien d'oiseaux passagers, qui vont si souvent d'un bout du monde à l'autre, et qui s'exposent à tant de périls, pour chercher à vivre ! Combien d'hirondelles, qui suivent toujours le beau temps ; de hannetons, inconsidérés et sans dessein ; de papillons, qui cherchent le feu qui les brûle ! Combien d'abeilles, qui respectent leur chef, et qui se maintiennent avec tant de règle et d'industrie ! Combien de frelons, vagabonds et fainéants, qui cherchent à s'établir aux dépens des abeilles ! Combien de fourmis, dont la prévoyance et l'économie soulagent tous leurs besoins ! Combien de crocodiles, qui feignent de se plaindre pour dévorer ceux qui sont touchés de leur plainte ! Et combien d'animaux qui sont assujettis parce qu'ils ignorent leur force !

Toutes ces qualités se trouvent dans l'homme, et il exerce, à l'égard des autres hommes, tout ce que les animaux dont on vient de parler exercent entre eux.

XII. DE L'ORIGINE DES MALADIES

Si on examine la nature des maladies, on trouvera qu'elles tirent leur origine des passions et des peines de l'esprit. L'âge d'or, qui en était exempt, était exempt de maladies. L'âge d'argent, qui le suivit, conserva encore sa pureté. L'âge d'airain donna la naissance aux passions et aux peines de l'esprit ; elles commencèrent à se former, et elles avaient encore la faiblesse de l'enfance et sa légèreté. Mais elles parurent avec toute leur force et toute leur malignité dans l'âge de fer, et répandirent dans le monde, par la suite de leur corruption, les diverses maladies qui ont affligé les hommes depuis tant de siècles. L'ambition a produit les fièvres aiguës et frénétiques ; l'envie a produit la jaunisse et l'insomnie ; c'est de la paresse que viennent les léthargies, les paralysies et les langueurs ; la colère a fait les étouffements, les ébullitions de sang, et les inflammations de poitrine ; la peur a fait les battements de cœur et les syncopes ; la vanité a fait les folies ; l'avarice, la teigne et la gale ; la tristesse a fait le scorbut ; la cruauté, la pierre ; la calomnie et les faux rapports ont répandu la rougeole, la petite vérole, et le pourpre, et on doit à la jalousie la gangrène, la peste, et la rage. Les disgrâces imprévues ont fait l'apoplexie ; les procès ont fait la migraine et le transport au cerveau ; les dettes ont fait les fièvres étiques ; l'ennui du mariage a produit la fièvre quarte, et la lassitude des amants qui n'osent se quitter a causé les vapeurs. L'amour, lui seul, a fait plus de maux que tout le reste ensemble, et personne ne doit entreprendre de les exprimer ; mais comme il fait aussi les plus grands biens de la vie, au lieu de médire de lui, on doit se taire ; on doit le craindre et le respecter toujours.

XIII. DU FAUX

On est faux en différentes manières. Il y a des hommes faux qui veulent toujours paraître ce qu'ils ne sont pas. Il y en a d'autres, de meilleure foi, qui sont nés faux, qui se trompent eux-mêmes, et qui ne voient jamais les choses comme elles sont. Il y en a dont l'esprit est droit, et le goût faux. D'autres ont l'esprit faux, et ont quelque droiture dans le goût. Et il y en a qui n'ont rien de faux dans le goût, ni dans l'esprit. Ceux-ci sont très rares, puisque, à parler généralement, il n'y a presque personne qui n'ait de la fausseté dans quelque endroit de l'esprit ou du goût.

Ce qui fait cette fausseté si universelle, c'est que nos qualités sont incertaines et confuses, et que nos vues le sont aussi ; on ne voit point les choses précisément comme elles sont, on les estime plus ou moins qu'elles ne valent, et on ne les fait point rapporter à nous en la manière qui leur convient, et qui convient à notre état et à nos qualités. Ce mécompte met un nombre infini de faussetés dans le goût et dans l'esprit : notre amour-propre est flatté de tout ce qui se présente à nous sous les apparences du bien ; mais comme il y a plusieurs sortes de biens qui touchent notre vanité ou notre tempérament, on les suit souvent par coutume, ou par commodité ; on les suit parce que les autres les suivent, sans considérer qu'un même sentiment ne doit pas être également embrassé par toute sorte de personnes, et qu'on s'y doit attacher plus ou moins fortement selon qu'il convient plus ou moins à ceux qui le suivent.

On craint encore plus de se montrer faux par le goût que par l'esprit. Les honnêtes gens doivent approuver sans prévention ce qui mérite d'être approuvé, suivre ce qui mérite d'être suivi, et ne se piquer de rien. Mais il y faut une grande proportion et une grande justesse ; il faut savoir discerner ce qui est bon en général, et ce qui nous est propre, et suivre alors avec raison la pente naturelle qui nous porte vers les choses qui nous plaisent. Si les hommes ne voulaient exceller que par leurs propres talents et en suivant leurs devoirs, il n'y aurait rien de faux dans leur goût et dans leur conduite ; ils se montreraient tels qu'ils sont ; ils jugeraient des choses par leurs lumières, et s'y attacheraient par raison ; il y aurait de la proportion dans leurs vues et dans leurs sentiments ; leur goût serait vrai, il viendrait d'eux et non pas des autres, et ils le suivraient par choix, et non pas par coutume ou par hasard.

Si on est faux en approuvant ce qui ne doit pas être approuvé, on ne l'est pas moins, le plus souvent, par l'envie de se faire valoir par des qualités qui sont bonnes de soi, mais qui ne nous conviennent pas : un magistrat est faux quand il se pique d'être brave, bien qu'il puisse être hardi dans de certaines rencontres ; il doit paraître ferme et assuré dans une sédition qu'il a le droit d'apaiser, sans craindre d'être faux, et il serait faux et ridicule de se battre en duel. Une femme peut aimer les sciences, mais toutes les sciences ne lui conviennent pas toujours, et l'entêtement de certaines sciences ne lui convient jamais, et est toujours faux.

Il faut que la raison et le bon sens mettent le prix aux choses, et qu'elles déterminent notre goût à leur donner le rang qu'elles méritent et qu'il nous convient de leur donner ; mais presque tous les hommes se trompent dans ce prix et dans ce rang, et il y a toujours de la fausseté dans ce mécompte.

Les plus grands rois sont ceux qui s'y méprennent le plus souvent : ils veulent surpasser les autres hommes en valeur, en savoir, en galanterie, et dans mille autres qualités où tout le monde a droit de prétendre ; mais ce goût d'y surpasser les autres peut être faux en eux, quand il va trop loin. Leur émulation doit avoir un autre objet : ils doivent imiter Alexandre, qui ne voulut disputer du prix de la course que contre des rois, et se souvenir que ce n'est que des qualités particulières à la royauté qu'ils doivent disputer. Quelque vaillant que puisse être un roi, quelque savant et agréable qu'il puisse être, il trouvera un nombre infini de gens qui auront ces mêmes qualités aussi avantageusement que lui, et le désir de les surpasser paraîtra toujours faux, et souvent même il lui sera impossible d'y réussir ; mais s'il s'attache à ses devoirs véritables, s'il est magnanime, s'il est grand capitaine et grand politique, s'il est juste, clément et libéral, s'il soulage ses sujets, s'il aime la gloire et le repos de son État, il ne trouvera que des rois à vaincre dans une si noble carrière ; il n'y aura rien que de vrai et de grand dans un si juste dessein, le désir d'y surpasser les autres n'aura rien de faux. Cette émulation est digne d'un roi, et c'est la véritable gloire où il doit prétendre.

XIV. DES MODÈLES DE LA NATURE ET DE LA FORTUNE

Il semble que la fortune, toute changeante et capricieuse qu'elle est, renonce à ses changements et à ses caprices pour agir de concert avec la nature, et que l'une et l'autre concourent de temps en temps à faire des hommes extraordinaires et singuliers, pour servir de modèles à la postérité. Le soin de la nature est de fournir les qualités ; celui de la fortune est de les mettre en œuvre, et de les faire voir dans le jour et avec les proportions qui conviennent à leur dessein ; on dirait alors qu'elles imitent les règles des grands peintres, pour nous donner des tableaux parfaits de ce qu'elles veulent représenter. Elles choisissent un sujet, et s'attachent au plan qu'elles se sont proposé ; elles disposent de la naissance, de l'éducation, des qualités naturelles et acquises, des temps, des conjonctures, des amis, des ennemis ; elles font remarquer des vertus et des vices, des actions heureuses et malheureuses ; elles joignent même de petites circonstances aux plus grandes, et les savent placer avec tant d'art que les actions des hommes et leurs motifs nous paraissent toujours sous la figure et avec les couleurs qu'il plaît à la nature et à la fortune d'y donner.

Quel concours de qualités éclatantes n'ont-elles pas assemblé dans la personne d'Alexandre, pour le montrer au monde comme un modèle d'élévation d'âme et de grandeur de courage ! Si on examine sa naissance illustre, son éducation, sa jeunesse, sa beauté, sa complexion heureuse, l'étendue et la capacité de son esprit pour la guerre et pour les sciences, ses vertus, ses défauts même, le petit nombre de ses troupes, la puissance formidable de ses ennemis, la courte durée d'une si belle vie, sa mort et ses successeurs, ne verra-t-on pas l'industrie et l'application de la fortune et de la nature à renfermer dans un même sujet ce nombre infini de diverses circonstances ? Ne verra-t-on pas le soin particulier qu'elles ont pris d'arranger tant d'événements extraordinaires, et de les mettre chacun dans son jour, pour composer un modèle d'un jeune conquérant, plus grand encore par ses qualités personnelles que par l'étendue de ses conquêtes ?

Si on considère de quelle sorte la nature et la fortune nous montrent César, ne verra-t-on pas qu'elles ont suivi un autre plan, qu'elles n'ont renfermé dans sa personne tant de valeur, de clémence, de libéralité, tant de qualités militaires, tant de pénétration, tant de facilité d'esprit et de mœurs, tant d'éloquence, tant de grâces du corps, tant de supériorité de génie pour la paix et pour la guerre, ne verra-t-on pas, dis-je, qu'elles ne se sont assujetties si longtemps à arranger et à mettre en œuvre tant de talents extraordinaires, et qu'elles n'ont contraint César de s'en servir contre sa patrie, que pour nous laisser un modèle du plus grand homme du monde, et du plus célèbre usurpateur ? Elle le fait naître particulier dans une république maîtresse de l'univers, affermie et soutenue par les plus grands hommes qu'elle eût jamais produits ; la fortune choisit parmi eux ce qu'il y avait de plus illustre, de plus puissant et de plus redoutable pour les rendre ses ennemis ; elle le réconcilie pour un temps avec les plus considérables pour les faire servir à son élévation ; elle les éblouit et les aveugle ensuite, pour lui faire une guerre qui le conduit à la souveraine puissance. Combien d'obstacles ne lui a-t-elle pas fait surmonter ! De combien de périls sur terre et sur mer ne l'a-t-elle pas garanti, sans jamais avoir été blessé ! Avec quelle persévérance la fortune n'a-t-elle pas soutenu les desseins de César et détruit ceux de Pompée ! Par quelle industrie n'a-t-elle pas disposé ce peuple romain, si puissant, si fier et si jaloux de sa liberté à la soumettre à la puissance d'un seul homme ! Ne s'est-elle pas même servie des circonstances de la mort de César pour la rendre convenable à sa vie ? Tant d'avertissements des devins, tant de prodiges, tant d'avis de sa femme et de ses amis ne peuvent le garantir, et la fortune choisit le propre jour qu'il doit être couronné dans le Sénat pour le faire assassiner par ceux mêmes qu'il a sauvés, et par un homme qui lui doit la naissance.

Cet accord de la nature et de la fortune n'a jamais été plus marqué que dans la personne de Caton, et il semble qu'elles se soient efforcées l'une et l'autre de renfermer dans un seul homme non seulement les vertus de l'ancienne Rome, mais encore de l'opposer directement aux vertus de César, pour montrer qu'avec une pareille étendue d'esprit et de courage, le désir de gloire conduit l'un à être usurpateur et l'autre à servir de modèle d'un parfait citoyen ? Mon dessein n'est pas de faire ici le parallèle de ces deux grands hommes, après tout ce qui en est écrit ; je dirai seulement que, quelque grands et illustres qu'ils nous paraissent, la nature et la fortune n'auraient pu mettre toutes leurs qualités dans le jour qui convenait pour les faire éclater, si elles n'eussent opposé Caton à César. Il fallait les faire naître en même temps dans une même république, différents par leurs mœurs et par leurs talents, ennemis par les intérêts de la patrie et par des intérêts domestiques, l'un vaste dans ses desseins et sans bornes dans son ambition, l'autre austère, renfermé dans les lois de Rome et idolâtre de la liberté, tous deux célèbres par des vertus qui les montraient par de si différents côtés, et plus célèbres encore, si on l'ose dire, par l'opposition que la fortune et la nature ont pris soin de mettre entre eux. Quel arrangement, quelle suite, quelle économie de circonstances dans la vie de Caton, et dans sa mort ! La destinée même de la république a servi au tableau que la fortune nous a voulu donner de ce grand homme, et elle finit sa vie avec la liberté de son pays.

Si nous laissons les exemples des siècles passés pour venir aux exemples du siècle présent, on trouvera que la nature et la fortune ont conservé cette même union dont j'ai parlé, pour nous montrer de différents modèles en deux hommes consommés en l'art de commander. Nous verrons Monsieur le Prince et M. de Turenne disputer de la gloire des armes, et mériter par un nombre infini d'actions éclatantes la réputation qu'ils ont acquise. Ils paraîtront avec une valeur et une expérience égales ; infatigables de corps et d'esprit, on les verra agir ensemble, agir séparément, et quelquefois opposés l'un à l'autre ; nous les verrons, heureux et malheureux dans diverses occasions de la guerre, devoir les bons succès à leur conduite et à leur courage, et se montrer même toujours plus grands par leurs disgrâces ; tous deux sauver l'État ; tous deux contribuer à le détruire, et se servir des mêmes talents par des voies différentes, M. de Turenne suivant ses desseins avec plus de règle et moins de vivacité, d'une valeur plus retenue et toujours proportionnée au besoin de la faire paraître, Monsieur le Prince inimitable en la manière de voir et d'exécuter les plus grandes choses, entraîné par la supériorité de son génie qui semble lui soumettre les événements et les faire servir à sa gloire. La faiblesse des armées qu'ils ont commandées dans les dernières campagnes, et la puissance des ennemis qui leur étaient opposés, ont donné de nouveaux sujets à l'un et à l'autre de montrer toute leur vertu et de réparer par leur mérite tout ce qui leur manquait pour soutenir la guerre. La mort même de M. de Turenne, si convenable à une si belle vie, accompagnée de tant de circonstances singulières et arrivée dans un moment si important, ne nous paraît-elle pas comme un effet de la crainte et de l'incertitude de la fortune, qui n'a osé décider de la destinée de la France et de l'Empire ? Cette même fortune, qui retire Monsieur le Prince du commandement des armées sous le prétexte de sa santé et dans un temps où il devait achever de si grandes choses, ne se joint-elle pas à la nature pour nous montrer présentement ce grand homme dans une vie privée, exerçant des vertus paisibles soutenu de sa propre gloire ? Et brille-t-il moins dans sa retraite qu'au milieu de ses victoires ?

XV. DES COQUETTES ET DES VIEILLARDS

S'il est malaisé de rendre raison des goûts en général, il le doit être encore davantage de rendre raison du goût des femmes coquettes. On peut dire néanmoins que l'envie de plaire se répand généralement sur tout ce qui peut flatter leur vanité, et qu'elles ne trouvent rien d'indigne de leurs conquêtes. Mais le plus incompréhensible de tous leurs goûts est, à mon sens, celui qu'elles ont pour les vieillards qui ont été galants. Ce goût paraît trop bizarre, et il y en a trop d'exemples, pour ne chercher pas la cause d'un sentiment tout à la fois si commun et si contraire à l'opinion que l'on a des femmes. Je laisse aux philosophes à décider si c'est un soin charitable de la nature, qui veut consoler les vieillards dans leur misère, et qui leur fournit le secours des coquettes par la même prévoyance qui lui fait donner des ailes aux chenilles, dans le déclin de leur vie, pour les rendre papillons ; mais, sans pénétrer dans les secrets de la physique, on peut, ce me semble, chercher des causes plus sensibles de ce goût dépravé des coquettes pour les vieilles gens. Ce qui est plus apparent, c'est qu'elles aiment les prodiges, et qu'il n'y en a point qui doive plus toucher leur vanité que de ressusciter un mort. Elles ont le plaisir de l'attacher à leur char, et d'en parer leur triomphe, sans que leur réputation en soit blessée ; au contraire, un vieillard est un ornement à la suite d'une coquette, et il est aussi nécessaire dans son train que les nains l'étaient autrefois dans *Amadis*. Elles n'ont point d'esclaves si commodes et si utiles. Elles paraissent bonnes et solides en conservant un ami sans conséquence. Il publie leurs louanges, il gagne croyance vers les maris et leur répond de la conduite de leurs femmes. S'il a du crédit, elles en retirent mille secours ; il entre dans tous les intérêts et dans tous les besoins de la maison. S'il sait les bruits qui courent des véritables galanteries, il n'a garde de les croire ; il les étouffe, et assure que le monde est médisant ; il juge par sa propre expérience des difficultés qu'il y a de toucher le cœur d'une si bonne femme ; plus on lui fait acheter des grâces et des faveurs et plus il est discret et fidèle ; son propre intérêt l'engage assez au silence ; il craint toujours d'être quitté, et il se trouve trop heureux d'être souffert. Il se persuade aisément qu'il est aimé, puisqu'on le choisit contre tant d'apparences ; il croit que c'est un privilège de son vieux mérite, et remercie l'amour de se souvenir de lui dans tous les temps.

Elle, de son côté, ne voudrait pas manquer à ce qu'elle lui a promis ; elle lui fait remarquer qu'il a toujours touché son inclination, et qu'elle n'aurait jamais aimé si elle ne l'avait jamais connu ; elle le

prie surtout de n'être pas jaloux et de se fier en elle ;
elle lui avoue qu'elle aime un peu le monde et le
commerce des honnêtes gens, qu'elle a même intérêt
d'en ménager plusieurs à la fois, pour ne laisser pas
voir qu'elle le traite différemment des autres ; que si
elle fait quelques railleries de lui avec ceux dont on
s'est avisé de parler, c'est seulement pour avoir le
plaisir de le nommer souvent, ou pour mieux cacher
ses sentiments ; qu'après tout il est le maître de sa
conduite, et que, pourvu qu'il en soit content et qu'il
l'aime toujours, elle se met aisément en repos du
reste. Quel vieillard ne se rassure pas par des raisons
si convaincantes, qui l'ont souvent trompé quand il
était jeune et aimable ? Mais, pour son malheur, il
oublie trop aisément qu'il n'est plus ni l'un ni l'autre,
et cette faiblesse est, de toutes, la plus ordinaire aux
vieilles gens qui ont été aimés. Je ne sais même si
cette tromperie ne leur vaut pas mieux encore que de
connaître la vérité : on les souffre du moins, on les
amuse, ils sont détournés de la vue de leurs propres
misères, et le ridicule où ils tombent est souvent un
moindre mal pour eux que les ennuis et l'anéantisse-
ment d'une vie pénible et languissante.

XVI. DE LA DIFFÉRENCE DES ESPRITS

Bien que toutes les qualités de l'esprit se puissent
rencontrer dans un grand esprit, il y en a néanmoins
qui lui sont propres et particulières : ses lumières
n'ont point de bornes, il agit toujours également et
avec la même activité, il discerne les objets éloignés
comme s'ils étaient présents, il comprend, il imagine
les plus grandes choses, il voit et connaît les plus
petites ; ses pensées sont relevées, étendues, justes et
intelligibles ; rien n'échappe à sa pénétration, et elle

lui fait toujours découvrir la vérité au travers des obscurités qui la cachent aux autres. Mais toutes ces grandes qualités ne peuvent souvent empêcher que l'esprit ne paraisse petit et faible, quand l'humeur s'en est rendue la maîtresse.

Un bel esprit pense toujours noblement ; il produit avec facilité des choses claires, agréables et naturelles ; il les fait voir dans leur plus beau jour, et il les pare de tous les ornements qui leur conviennent ; il entre dans le goût des autres, et retranche de ses pensées ce qui est inutile ou ce qui peut déplaire. Un esprit adroit, facile, insinuant, sait éviter et surmonter les difficultés ; il se plie aisément à ce qu'il veut ; il sait connaître et suivre l'esprit et l'humeur de ceux avec qui il traite ; et en ménageant leurs intérêts il avance et établit les siens. Un bon esprit voit toutes choses comme elles doivent être vues ; il leur donne le prix qu'elles méritent, il les sait tourner du côté qui lui est le plus avantageux, et il s'attache avec fermeté à ses pensées parce qu'il en connaît toute la force et toute la raison.

Il y a de la différence entre un esprit utile et un esprit d'affaires : on peut entendre les affaires sans s'appliquer à son intérêt particulier ; il y a des gens habiles dans tout ce qui ne les regarde pas et très malhabiles dans ce qui les regarde, et il y en a d'autres, au contraire, qui ont une habileté bornée à ce qui les touche et qui savent trouver leur avantage en toutes choses.

On peut avoir tout ensemble un air sérieux dans l'esprit et dire souvent des choses agréables et enjouées ; cette sorte d'esprit convient à toutes personnes, et à tous les âges de la vie. Les jeunes gens ont d'ordinaire l'esprit enjoué et moqueur, sans l'avoir sérieux, et c'est ce qui les rend souvent incommodes. Rien n'est plus malaisé à soutenir que le dessein d'être toujours plaisant, et les applaudissements qu'on reçoit quelquefois en divertissant les autres ne valent pas que l'on s'expose à la honte de les ennuyer souvent, quand ils sont de méchante humeur. La moquerie est une des plus agréables et des plus dangereuses qualités de l'esprit : elle plaît toujours, quand elle est délicate ; mais on craint toujours aussi ceux qui s'en servent trop souvent. La moquerie peut néanmoins être permise, quand elle n'est mêlée d'aucune malignité et quand on y fait entrer les personnes mêmes dont on parle.

Il est malaisé d'avoir un esprit de raillerie sans affecter d'être plaisant, ou sans aimer à se moquer ; il faut une grande justesse pour railler longtemps sans tomber dans l'une ou l'autre de ces extrémités. La raillerie est un air de gaieté qui remplit l'imagination, et qui lui fait voir en ridicule les objets qui se présentent ; l'humeur y mêle plus ou moins de douceur ou d'âpreté ; il y a une manière de railler délicate et flatteuse qui touche seulement les défauts que les personnes dont on parle veulent bien avouer, qui sait déguiser les louanges qu'on leur donne sous des apparences de blâme, et qui découvre ce qu'elles ont d'aimable en feignant de le vouloir cacher.

Un esprit fin et un esprit de finesse sont très différents. Le premier plaît toujours ; il est délié, il pense des choses délicates et voit les plus imperceptibles. Un esprit de finesse ne va jamais droit, il cherche des biais et des détours pour faire réussir ses desseins ; cette conduite est bientôt découverte, elle se fait toujours craindre et ne mène presque jamais aux grandes choses.

Il y a quelque différence entre un esprit de feu et un esprit brillant. Un esprit de feu va plus loin et

avec plus de rapidité ; un esprit brillant a de la vivacité, de l'agrément et de la justesse.

La douceur de l'esprit, c'est un air facile et
accommodant, qui plaît toujours quand il n'est point
fade.

Un esprit de détail s'applique avec de l'ordre et de
la règle à toutes les particularités des sujets qu'on lui
présente. Cette application le renferme d'ordinaire à
de petites choses ; elle n'est pas néanmoins toujours
incompatible avec de grandes vues, et quand ces
deux qualités se trouvent ensemble dans un même
esprit, elles l'élèvent infiniment au-dessus des autres.

On a abusé du terme de bel esprit, et bien que tout
ce qu'on vient de dire des différentes qualités de
l'esprit puisse convenir à un bel esprit, néanmoins,
comme ce titre a été donné à un nombre infini de
mauvais poètes et d'auteurs ennuyeux, on s'en sert
plus souvent pour tourner les gens en ridicule que
pour les louer.

Bien qu'il y ait plusieurs épithètes pour l'esprit qui
paraissent une même chose, le ton et la manière de
les prononcer y mettent de la différence ; mais
comme les tons et les manières ne se peuvent écrire,
je n'entrerai point dans un détail qu'il serait impossible de bien expliquer. L'usage ordinaire le fait
assez entendre, et en disant qu'un homme a de
l'esprit, qu'il a bien de l'esprit, qu'il a beaucoup
d'esprit, et qu'il a bon esprit, il n'y a que les tons et
les manières qui puissent mettre de la différence
entre ces expressions qui paraissent semblables sur
le papier, et qui expriment néanmoins de très différentes sortes d'esprit.

On dit encore qu'un homme n'a que d'une sorte
d'esprit, qu'il a de plusieurs sortes d'esprit, et qu'il a
de toutes sortes d'esprit. On peut être sot avec beau-

coup d'esprit et on peut n'être pas sot avec peu d'esprit.

Avoir beaucoup d'esprit est un terme équivoque : il peut comprendre toutes les sortes d'esprit dont on vient de parler, mais il peut aussi n'en marquer aucune distinctement. On peut quelquefois faire paraître de l'esprit dans ce qu'on dit sans en avoir dans sa conduite, on peut avoir de l'esprit et l'avoir borné ; un esprit peut être propre à de certaines choses et ne l'être pas à d'autres ; on peut avoir beaucoup d'esprit et n'être propre à rien, et avec beaucoup d'esprit on est souvent fort incommode. Il semble néanmoins que le plus grand mérite de cette sorte d'esprit est de plaire quelquefois dans la conversation.

Bien que les productions d'esprit soient infinies, on peut, ce me semble, les distinguer de cette sorte : il y a des choses si belles que tout le monde est capable d'en voir et d'en sentir la beauté, il y en a qui ont de la beauté et qui ennuient, il y en a qui sont belles, que tout le monde sent et admire bien que tous n'en sachent pas la raison, il y en a qui sont si fines et si délicates que peu de gens sont capables d'en remarquer toutes les beautés, il y en a d'autres qui ne sont pas parfaites, mais qui sont dites avec tant d'art et qui sont soutenues et conduites avec tant de raison et tant de grâce qu'elles méritent d'être admirées.

XVII. DE L'INCONSTANCE

Je ne prétends pas justifier ici l'inconstance en général, et moins encore celle qui vient de la seule légèreté ; mais il n'est pas juste aussi de lui imputer tous les autres changements de l'amour. Il y a une première fleur d'agrément et de vivacité dans l'amour qui passe insensiblement, comme celle des fruits ; ce n'est la faute de personne, c'est seulement la faute du temps. Dans les commencements, la figure est aimable, les sentiments ont du rapport, on cherche de la douceur et du plaisir, on veut plaire parce qu'on nous plaît, et on cherche à faire voir qu'on sait donner un prix infini à ce qu'on aime ; mais dans la suite on ne sent plus ce qu'on croyait sentir toujours, le feu n'y est plus, le mérite de la nouveauté s'efface, la beauté, qui a tant de part à l'amour, ou diminue ou ne fait plus la même impression ; le nom d'amour se conserve, mais on ne se retrouve plus les mêmes personnes, ni les mêmes sentiments ; on suit encore ses engagements par honneur, par accoutumance et pour n'être pas assez assuré de son propre changement.

Quelles personnes auraient commencé de s'aimer, si elles s'étaient vues d'abord comme on se voit dans la suite des années ? Mais quelles personnes aussi se pourraient séparer, si elles se revoyaient comme on s'est vu la première fois ? L'orgueil, qui est presque toujours le maître de nos goûts, et qui ne se rassasie jamais, serait flatté sans cesse par quelque nouveau plaisir ; la constance perdrait son mérite : elle n'aurait plus de part à une si agréable liaison, les faveurs présentes auraient la même grâce que les premières faveurs et le souvenir n'y mettrait point de différence ; l'inconstance serait même inconnue, et on s'aimerait toujours avec le même plaisir parce qu'on aurait toujours les mêmes sujets de s'aimer. Les changements qui arrivent dans l'amitié ont à peu près des causes pareilles à ceux qui arrivent dans l'amour : leurs règles ont beaucoup de rapport. Si l'un a plus d'enjouement et de plaisir, l'autre doit être plus égale et plus sévère, elle ne pardonne rien ; mais le temps, qui change l'humeur et les intérêts, les détruit presque également tous deux. Les hommes sont trop faibles et trop changeants pour soutenir longtemps le poids de l'amitié. L'antiquité en a fourni des exemples ; mais dans le temps où nous vivons, on peut dire qu'il est encore moins impossible de trouver un véritable amour qu'une véritable amitié.

XVIII. DE LA RETRAITE

Je m'engagerais à un trop long discours si je rapportais ici en particulier toutes les raisons naturelles qui portent les vieilles gens à se retirer du commerce du monde : le changement de leur humeur, de leur figure et l'affaiblissement des organes les conduisent insensiblement, comme la plupart des autres animaux, à s'éloigner de la fréquentation de leurs semblables. L'orgueil, qui est inséparable de l'amour-propre, leur tient alors lieu de raison : il ne peut plus être flatté de plusieurs choses qui flattent les autres, l'expérience leur a fait connaître le prix de ce que tous les hommes désirent dans la jeunesse et l'impossibilité d'en jouir plus longtemps ; les diverses voies qui paraissent ouvertes aux jeunes gens pour parvenir aux grandeurs, aux plaisirs, à la réputation et à tout ce qui élève les hommes leur sont fermées, ou par la fortune, ou par leur conduite, ou par l'envie et l'injustice des autres ; le chemin pour y rentrer est trop long et trop pénible quand on s'est une fois égaré ; les difficultés leur en paraissent insurmontables, et l'âge ne leur permet plus d'y prétendre. Ils deviennent insensibles à l'amitié, non seulement parce qu'ils n'en ont peut-être jamais trouvé de véritable, mais parce qu'ils ont vu mourir un grand nombre de leurs amis qui n'avaient pas encore eu le temps ni les occasions de manquer à l'amitié et ils se persuadent aisément qu'ils auraient été plus fidèles que ceux qui leur restent. Ils n'ont plus de part aux premiers biens qui ont d'abord rempli leur imagination ; ils n'ont même presque plus de part à la gloire : celle qu'ils ont acquise est déjà flétrie par le temps, et souvent les hommes en perdent plus en vieillissant qu'ils n'en acquièrent. Chaque jour leur ôte une portion d'eux-mêmes ; ils n'ont plus assez de vie pour jouir de ce qu'ils ont, et bien moins encore pour arriver à ce qu'ils désirent ; ils ne voient plus devant eux que des chagrins, des maladies et de l'abaissement ; tout est vu, et rien ne peut avoir pour eux la grâce de la nouveauté ; le temps les éloigne imperceptiblement du point de vue d'où il leur convient de voir les objets, et d'où ils doivent être vus. Les plus heureux sont encore soufferts, les autres sont méprisés ; le seul bon parti qu'il leur reste, c'est de cacher au monde ce qu'ils ne lui ont peut-être que trop montré. Leur goût, détrompé des désirs inutiles, se tourne alors vers des objets muets et insensibles ; les bâtiments, l'agriculture, l'économie, l'étude, toutes ces choses sont soumises à leurs volontés ; ils s'en approchent ou s'en éloignent comme il leur plaît ; ils sont maîtres de leurs desseins et de leurs occupations ; tout ce qu'ils désirent est en leur pouvoir et, s'étant affranchis de la dépendance du monde, ils font tout dépendre d'eux. Les plus sages savent employer à leur salut le temps qu'il leur reste et, n'ayant qu'une si petite part à cette vie, ils se rendent dignes d'une meilleure. Les autres n'ont au moins qu'eux-mêmes pour témoins de leur misère ; leurs propres infirmités les amusent ; le moindre relâche

leur tient lieu de bonheur ; la nature, défaillante et
plus sage qu'eux, leur ôte souvent la peine de désirer ; enfin ils oublient le monde, qui est si disposé à
les oublier ; leur vanité même est consolée par leur
retraite, et avec beaucoup d'ennuis, d'incertitudes et
de faiblesses, tantôt par pitié, tantôt par raison, et le
plus souvent par accoutumance, ils soutiennent le
poids d'une vie insipide et languissante.

XIX. DES ÉVÉNEMENTS DE CE SIÈCLE

L'histoire, qui nous apprend ce qui arrive dans le
monde, nous montre également les grands événements et les médiocres ; cette confusion d'objets
nous empêche souvent de discerner avec assez
d'attention les choses extraordinaires qui sont ren-
fermées dans le cours de chaque siècle. Celui où
nous vivons en a produit, à mon sens, de plus singuliers que les précédents. J'ai voulu en écrire quelques-uns, pour les rendre plus remarquables aux
personnes qui voudront y faire réflexion.

Marie de Médicis, reine de France, femme de
Henri le Grand, fut mère du roi Louis XIII, de Gas-
ton, fils de France, de la reine d'Espagne, de la
duchesse de Savoie, et de la reine d'Angleterre ; elle
fut régente en France, et gouverna le roi son fils, et
son royaume, plusieurs années. Elle éleva Armand
de Richelieu à la dignité de cardinal ; elle le fit premier ministre, maître de l'État et de l'esprit du Roi.
Elle avait peu de vertus et peu de défauts qui la
dussent faire craindre, et néanmoins, après tant
d'éclat et de grandeurs, cette princesse, veuve de
Henri IV et mère de tant de rois, a été arrêtée prisonnière par le Roi son fils, et par la haine du cardinal
de Richelieu qui lui devait sa fortune. Elle a été

délaissée des autres rois ses enfants, qui n'ont osé même la recevoir dans leurs États, et elle est morte de misère, et presque de faim, à Cologne, après une persécution de dix années.

Ange de Joyeuse, duc et pair, maréchal de France et amiral, jeune, riche, galant et heureux, abandonna tant d'avantages pour se faire capucin. Après quelques années les besoins de l'État le rappelèrent au monde ; le Pape le dispensa de ses vœux, et lui ordonna d'accepter le commandement des armées du Roi contre les huguenots ; il demeura quatre ans dans cet emploi, et se laissa entraîner pendant ce temps aux mêmes passions qui l'avaient agité pendant sa jeunesse. La guerre étant finie, il renonça une seconde fois au monde, et reprit l'habit de capucin. Il vécut longtemps dans une vie sainte et religieuse ; mais la vanité, dont il avait triomphé dans le milieu des grandeurs, triompha de lui dans le cloître ; il fut élu gardien du couvent de Paris, et son élection étant contestée par quelques religieux, il s'exposa non seulement à aller à Rome dans un âge avancé, à pied et malgré les autres incommodités d'un si pénible voyage, mais la même opposition des religieux s'étant renouvelée à son retour, il partit une seconde fois pour retourner à Rome soutenir un intérêt si peu digne de lui, et il mourut en chemin de fatigue, de chagrin, et de vieillesse.

Trois hommes de qualité, Portugais, suivis de dix-sept de leurs amis, entreprirent la révolte de Portugal et des Indes qui en dépendent, sans concert avec les peuples ni avec les étrangers, et sans intelligence dans les places. Ce petit nombre de conjurés se rendit maître du palais de Lisbonne, en chassa la douairière de Mantoue, régente pour le roi d'Espagne, et fit soulever tout le royaume ; il ne périt dans ce désordre que Vasconcellos, ministre d'Espagne, et deux de ses domestiques. Un si grand changement se fit en faveur du duc de Bragance, et sans sa participation : il fut déclaré roi contre sa propre volonté, et se trouva le seul homme de Portugal qui résistât à son élection ; il a possédé ensuite cette couronne pendant quatorze années, n'ayant ni élévation, ni mérite ; il est mort dans son lit, et a laissé son royaume paisible à ses enfants.

Le cardinal de Richelieu a été maître absolu du royaume de France pendant le règne d'un roi qui lui laissait le gouvernement de son État, lorsqu'il n'osait lui confier sa propre personne ; le Cardinal avait aussi les mêmes défiances du Roi ; et il évitait d'aller chez lui, craignant d'exposer sa vie ou sa liberté ; le Roi néanmoins sacrifie Cinq-Mars, son favori, à la vengeance du Cardinal, et consent qu'il périsse sur un échafaud. Ensuite le Cardinal meurt dans son lit ; il dispose par son testament des charges et des dignités de l'État, et oblige le Roi, dans le plus fort de ses soupçons et de sa haine, à suivre aussi aveuglément ses volontés après sa mort qu'il avait fait pendant sa vie.

On doit sans doute trouver extraordinaire que Anne-Marie-Louise d'Orléans, petite-fille de France, la plus riche sujette de l'Europe, destinée pour les plus grands rois, avare, rude et orgueilleuse, ait pu former le dessein, à quarante-cinq ans, d'épouser Puyguilhem, cadet de la maison de Lauzun, assez mal fait de sa personne, d'un esprit médiocre, et qui n'a, pour toute bonne qualité, que d'être hardi et insinuant. Mais on doit être encore plus surpris que Mademoiselle ait pris cette chimérique résolution par un esprit de servitude et parce que Puyguilhem était bien auprès du Roi ; l'envie d'être femme d'un favori lui tint lieu de passion, elle oublia son âge et sa naissance, et, sans avoir d'amour, elle fit des avances à Puyguilhem qu'un amour véritable ferait à peine excuser dans une jeune personne et d'une moindre condition. Elle lui dit un jour qu'il n'y avait qu'un seul homme qu'elle pût choisir pour épouser. Il la pressa de lui apprendre son choix ; mais n'ayant pas la force de prononcer son nom, elle voulut l'écrire avec un diamant sur les vitres d'une fenêtre. Puyguilhem jugea sans doute ce qu'elle allait faire, et espérant peut-être qu'elle lui donnerait cette déclaration par écrit, dont il pourrait faire quelque usage, il feignit une délicatesse de passion qui pût plaire à Mademoiselle, et il lui fit un scrupule d'écrire sur du verre un sentiment qui devait durer éternellement. Son dessein réussit comme il désirait, et Mademoiselle écrivit le soir dans du papier : « C'est vous. » Elle le cacheta elle-même ; mais, comme cette aventure se passait un jeudi et que minuit sonna avant que Mademoiselle pût donner son billet à Puyguilhem, elle ne voulut pas paraître moins scrupuleuse que lui, et craignant que le vendredi ne fût un jour malheureux, elle lui fit promettre d'attendre au samedi à ouvrir le billet qui lui devait apprendre cette grande nouvelle. L'excessive fortune que cette déclaration faisait envisager à Puyguilhem ne lui parut point au-dessus de son ambition. Il songea à profiter du caprice de Mademoiselle, et il eut la hardiesse d'en rendre compte au Roi. Personne n'ignore qu'avec si grandes et éclatantes qualités nul prince au monde n'a jamais eu plus de hauteur, ni plus de fierté. Cependant, au lieu de perdre Puyguilhem d'avoir osé lui découvrir ses espérances, il lui permit non seulement de les conserver, mais il consentit que quatre officiers de la Couronne lui vinssent demander son approbation pour un mariage si surprenant, et sans que Monsieur ni Monsieur le Prince en eussent entendu parler. Cette nouvelle se répandit dans le monde, et le remplit d'étonnement et d'indignation. Le Roi ne sentit pas alors ce qu'il venait de faire contre sa gloire et contre sa dignité. Il trouva seulement qu'il était de sa grandeur d'élever en un jour Puyguilhem au-dessus des plus grands du royaume et, malgré tant de disproportion, il le jugea digne d'être son cousin germain, le premier pair de France et maître de cinq cent mille livres de rente ; mais ce qui le flatta le plus encore, dans un si extraordinaire dessein, ce fut le plaisir secret de surprendre le monde, et de faire pour un homme qu'il aimait ce que personne n'avait encore imaginé. Il fut au pouvoir de Puyguilhem de profiter durant trois jours de tant de prodiges que la fortune avait faits en sa faveur, et d'épouser Mademoiselle ; mais, par un prodige plus grand encore, sa vanité ne put être satisfaite s'il ne l'épousait avec les mêmes cérémonies que s'il eût été de sa qualité : il voulut que le Roi et la Reine fussent témoins de ses noces, et qu'elles eussent tout l'éclat que leur présence y pouvait donner. Cette présomption sans exemple lui fit employer à de vains préparatifs, et à passer son contrat, tout le temps qui pouvait assurer son bonheur. Mme de Montespan, qui le haïssait, avait suivi néanmoins le penchant du Roi et ne s'était point opposée à ce mariage. Mais le bruit du monde la réveilla ; elle fit voir au Roi ce que lui seul ne voyait pas encore ; elle lui fit écouter la voix publique ; il connut l'étonnement des ambassadeurs, il reçut les plaintes et les remontrances respectueuses de Madame douairière et de toute la maison royale. Tant de raisons firent longtemps balancer le Roi, et

ce fut avec un[e] extrême peine qu'il déclara à Puyguilhem qu'il ne pouvait consentir ouvertement à
son mariage. Il l'assura néanmoins que ce changement en apparence ne changerait rien en effet ; qu'il
était forcé, malgré lui, de céder à l'opinion générale,
et de lui défendre d'épouser Mademoiselle, mais qu'il
ne prétendait pas que cette défense empêchât son
bonheur. Il le pressa de se marier en secret, et il lui
promit que la disgrâce qui devait suivre une telle
faute ne durerait que huit jours. Quelque sentiment
que ce discours pût donner à Puyguilhem, il dit au
Roi qu'il renonçait avec joie à tout ce qui lui avait
permis d'espérer, puisque sa gloire en pouvait être
blessée, et qu'il n'y avait point de fortune qui le pût
consoler d'être huit jours séparé de lui. Le Roi fut
véritablement touché de cette soumission ; il
n'oublia rien pour obliger Puyguilhem à profiter de
la faiblesse de Mademoiselle, et Puyguilhem n'oublia
rien aussi, de son côté, pour faire voir au Roi qu'il lui
sacrifiait toutes choses. Le désintéressement seul ne
fit pas prendre néanmoins cette conduite à Puyguilhem : il crut qu'elle l'assurait pour toujours de
l'esprit du Roi, et que rien ne pourrait à l'avenir
diminuer sa faveur. Son caprice et sa vanité le por-
tèrent même si loin que ce mariage si grand et si
disproportionné lui parut insupportable parce qu'il
ne lui était plus permis de le faire avec tout le faste et
tout l'éclat qu'il s'était proposé. Mais ce qui le déter-
mina le plus puissamment à le rompre, ce fut l'aversion insurmontable qu'il avait pour la personne de
Mademoiselle, et le dégoût d'être son mari. Il espéra
même de tirer des avantages solides de l'emportement de Mademoiselle, et que, sans l'épouser, elle lui
donnerait la souveraineté de Dombes et le duché de
Montpensier. Ce fut dans cette vue qu'il refusa

d'abord toutes les grâces dont le Roi voulut le combler ; mais l'humeur avare et inégale de Mademoiselle, et les difficultés qui se rencontrèrent à assurer de si grands biens à Puyguilhem, rendirent ce dessein inutile, et l'obligèrent à recevoir les bienfaits du Roi. Il lui donna le gouvernement de Berry et cinq cent mille livres. Des avantages si considérables ne répondirent pas toutefois aux espérances que Puyguilhem avait formées. Son chagrin fournit bientôt à ses ennemis, et particulièrement à Mme de Montespan, tous les prétextes qu'ils souhaitaient pour le ruiner. Il connut son état et sa décadence et, au lieu de se ménager auprès du Roi avec de la douceur, de la patience et de l'habileté, rien ne fut plus capable de retenir son esprit âpre et fier. Il fit enfin des reproches au Roi ; il lui dit même des choses rudes et piquantes, jusqu'à casser son épée en sa présence en disant qu'il ne la tirerait plus pour son service ; il lui parla avec mépris de Mme de Montespan, et s'emporta contre elle avec tant de violence qu'elle douta de sa sûreté et n'en trouva plus qu'à le perdre. Il fut arrêté bientôt après, et on le mena à Pignerol, où il éprouva par une longue et dure prison la douleur d'avoir perdu les bonnes grâces du Roi, et d'avoir laissé échapper par une fausse vanité tant de grandeurs et tant d'avantages que la condescendance de son maître et la bassesse de Mademoiselle lui avaient présentés.

Alphonse, roi de Portugal, fils du duc de Bragance dont je viens de parler, s'est marié en France à la fille du duc de Nemours, jeune, sans biens et sans protection. Peu de temps après, cette princesse a formé le dessein de quitter le Roi son mari ; elle l'a fait arrêter dans Lisbonne, et les mêmes troupes, qui un jour auparavant le gardaient comme leur roi, l'ont gardé le lendemain comme prisonnier ; il a été confiné dans une île de ses propres États, et on lui a laissé la vie et le titre de roi. Le prince de Portugal, son frère, a épousé la Reine ; elle conserve sa dignité, et elle a revêtu le prince son mari de toute l'autorité du gouvernement, sans lui donner le nom de roi ; elle jouit tranquillement du succès d'une entreprise si extraordinaire, en paix avec les Espagnols, et sans guerre civile dans le royaume.

Un vendeur d'herbes, nommé Masaniel, fit soulever le menu peuple de Naples, et malgré la puissance des Espagnols il usurpa l'autorité royale ; il disposa souverainement de la vie, de la liberté et des biens de tout ce qui lui fut suspect ; il se rendit maître des douanes ; il dépouilla les partisans de tout leur argent et de leurs meubles, et fit brûler publiquement toutes ces richesses immenses dans le milieu de la ville, sans qu'un seul de cette foule confuse de révoltés voulût profiter d'un bien qu'on croyait mal acquis. Ce prodige ne dura que quinze jours, et finit par un autre prodige : ce même Masaniel, qui achevait de si grandes choses avec tant de bonheur, de gloire, et de conduite, perdit subitement l'esprit, et mourut frénétique en vingt-quatre heures.

La reine de Suède, en paix dans ses États et avec ses voisins, aimée de ses sujets, respectée des étrangers, jeune et sans dévotion, a quitté volontairement son royaume, et s'est réduite à une vie privée. Le roi de Pologne, de la même maison que la reine de Suède, s'est démis aussi de la royauté, par la seule lassitude d'être roi.

Un lieutenant d'infanterie sans nom et sans crédit a commencé, à l'âge de quarante-cinq ans, de se faire connaître dans les désordres d'Angleterre. Il a dépossédé son roi légitime, bon, juste, doux, vaillant et

libéral ; il lui a fait trancher la tête, par un arrêt de
son Parlement ; il a changé la royauté en république ; il a été dix ans maître de l'Angleterre, plus
craint de ses voisins et plus absolu dans son pays que
tous les rois qui y ont régné. Il est mort paisible, et
en pleine possession de toute la puissance du
royaume.

Les Hollandais ont secoué le joug de la domina-
tion d'Espagne ; ils ont formé une puissante république, et ils ont soutenu cent ans la guerre contre
leurs rois légitimes pour conserver leur liberté. Ils
doivent tant de grandes choses à la conduite et à la
valeur des princes d'Orange, dont ils ont néanmoins
toujours redouté l'ambition et limité le pouvoir. Présentement cette république, si jalouse de sa puissance, accorde au prince d'Orange d'aujourd'hui,
malgré son peu d'expérience et ses malheureux succès dans la guerre, ce qu'elle a refusé à ses pères : elle
ne se contente pas de relever sa fortune abattue, elle
le met en état de se faire souverain de Hollande, et
elle a souffert qu'il ait fait déchirer par le peuple un
homme qui maintenait seul la liberté publique.

Cette puissance d'Espagne, si étendue et si formidable à tous les rois du monde, trouve aujourd'hui
son principal appui dans ses sujets rebelles, et se
soutient par la protection des Hollandais.

Un empereur, jeune, faible, simple, gouverné par
des ministres incapables, et pendant le plus grand
abaissement de la maison d'Autriche, se trouve en
un moment chef de tous les princes d'Allemagne, qui
craignent son autorité et méprisent sa personne, et il
est plus absolu que n'a jamais été Charles Quint.

Le roi d'Angleterre, faible, paresseux, et plongé
dans les plaisirs, oubliant les intérêts de son
royaume et ses exemples domestiques, s'est exposé

avec fermeté depuis six ans à la fureur de ses peuples et à la haine de son Parlement pour conserver une liaison étroite avec le roi de France ; au lieu d'arrêter les conquêtes de ce prince dans les Pays-Bas, il y a même contribué en lui fournissant des troupes. Cet attachement l'a empêché d'être maître absolu d'Angleterre et d'en étendre les frontières en Flandre et en Hollande par des places et par des ports, qu'il a toujours refusés ; mais dans le temps qu'il reçoit des sommes considérables du Roi, et qu'il a le plus de besoin d'en être soutenu contre ses propres sujets, il renonce, sans prétexte, à tant d'engagements, et il se déclare contre la France, précisément quand il lui est utile et honnête d'y être attaché ; par une mauvaise politique précipitée, il perd, en un moment, le seul avantage qu'il pouvait retirer d'une mauvaise politique de six années, et ayant pu donner la paix comme médiateur, il est réduit à la demander comme suppliant, quand le Roi l'accorde à l'Espagne, à l'Allemagne et à la Hollande.

Les propositions qui avaient été faites au roi d'Angleterre de marier sa nièce, la princesse d'York, au prince d'Orange, ne lui étaient pas agréables ; le duc d'York en paraissait aussi éloigné que le Roi son frère, et le prince d'Orange même, rebuté par les difficultés de ce dessein, ne pensait plus à le faire réussir. Le roi d'Angleterre, étroitement lié au roi de France, consentait à ses conquêtes, lorsque les intérêts du grand trésorier d'Angleterre et la crainte d'être attaqué par le Parlement lui ont fait chercher sa sûreté particulière, en disposant le Roi son maître à s'unir avec le prince d'Orange par le mariage de la princesse d'York, et à faire déclarer l'Angleterre contre la France pour la protection des Pays-Bas. Ce changement du roi d'Angleterre a été si prompt et si

secret que le duc d'York l'ignorait encore deux jours
devant le mariage de sa fille, et personne ne se pouvait persuader que le roi d'Angleterre, qui avait
hasardé dix ans sa vie et sa couronne pour demeurer
attaché à la France, pût renoncer en un moment à
tout ce qu'il en espérait pour suivre le sentiment de
son ministre. Le prince d'Orange, de son côté, qui
avait tant d'intérêt de se faire un chemin pour être
un jour roi d'Angleterre, négligeait ce mariage qui le
rendait héritier présomptif du royaume ; il bornait
ses desseins à affermir son autorité en Hollande,
malgré les mauvais succès de ses dernières campagnes, et il s'appliquait à se rendre aussi absolu
dans les autres provinces de cet État qu'il le croyait
être dans la Zélande ; mais il s'aperçut bientôt qu'il
devait prendre d'autres mesures, et une aventure
ridicule lui fit mieux connaître l'état où il était dans
son pays qu'il ne le voyait par ses propres lumières.
Un crieur public vendait des meubles à un encan où
beaucoup de monde s'assembla ; il mit en vente un
atlas, et voyant que personne ne l'enchérissait, il dit
au peuple que ce livre était néanmoins plus rare
qu'on ne pensait, et que les cartes en étaient si
exactes que la rivière dont M. le prince d'Orange
n'avait eu aucune connaissance lorsqu'il perdit la
bataille de Cassel y était fidèlement marquée. Cette
raillerie, qui fut reçue avec un applaudissement uni-
versel, a été un des plus puissants motifs qui ont
obligé le prince d'Orange à rechercher de nouveau
l'alliance d'Angleterre, pour contenir la Hollande, et
pour joindre tant de puissances contre nous. Il
semble néanmoins que ceux qui ont désiré ce
mariage, et ceux qui y ont été contraires, n'ont pas
connu leurs intérêts : le grand trésorier d'Angleterre
a voulu adoucir le Parlement et se garantir d'en être

attaqué, en portant le Roi son maître à donner sa nièce au prince d'Orange, et à se déclarer contre la France ; le roi d'Angleterre a cru affermir son autorité dans son royaume par l'appui du prince d'Orange, et il a prétendu engager ses peuples à lui fournir de l'argent pour ses plaisirs, sous prétexte de faire la guerre au roi de France et de le contraindre à recevoir la paix ; le prince d'Orange a eu dessein de soumettre la Hollande par la protection d'Angleterre ; la France a appréhendé qu'un mariage si opposé à ses intérêts n'emportât la balance en joignant l'Angleterre à tous nos ennemis. L'événement a fait voir, en six semaines, la fausseté de tant de raisonnements : ce mariage met une défiance éternelle entre l'Angleterre et la Hollande, et toutes deux le regardent comme un dessein d'opprimer leur liberté ; le Parlement d'Angleterre attaque les ministres du Roi, pour attaquer ensuite sa propre personne ; les États de Hollande, lassés de la guerre et jaloux de leur liberté, se repentent d'avoir mis leur autorité entre les mains d'un jeune homme ambitieux, et héritier présomptif de la couronne d'Angleterre ; le roi de France, qui a d'abord regardé ce mariage comme une nouvelle ligue qui se formait contre lui, a su s'en servir pour diviser ses ennemis, et pour se mettre en état de prendre la Flandre, s'il n'avait préféré la gloire de faire la paix à la gloire de faire nouvelles conquêtes.

Si le siècle présent n'a pas moins produit d'événements extraordinaires que les siècles passés, on conviendra sans doute qu'il a le malheureux avantage de les surpasser dans l'excès des crimes. La France même, qui les a toujours détestés, qui y est opposée par l'humeur de la nation, par la religion, et qui est soutenue par les exemples du prince qui règne, se trouve néanmoins aujourd'hui le théâtre où l'on voit paraître tout ce que l'histoire et la fable nous ont dit des crimes de l'antiquité. Les vices sont de tous les temps, les hommes sont nés avec de l'intérêt, de la cruauté et de la débauche ; mais si des personnes que tout le monde connaît avaient paru dans les premiers siècles, parlerait-on présentement des prostitutions d'Héliogabale, de la foi des Grecs et des poisons et des parricides de Médée ?

Appendice

1. PORTRAIT DE MME DE MONTESPAN

Diane de Rochechouart est fille du duc de Morte-mart et femme du marquis de Montespan. Sa beauté est surprenante ; son esprit et sa conversation ont encore plus de charme que sa beauté. Elle fit dessein de plaire au Roi et de l'ôter à La Vallière dont il était amoureux. Il négligea longtemps cette conquête, et il en fit même des railleries. Deux ou trois années se passèrent sans qu'elle fit d'autres progrès que d'être dame du palais attachée particulièrement à la Reine, et dans une étroite familiarité avec le Roi et La Vallière. Elle ne se rebuta pas néanmoins, et se confiant à sa beauté, à son esprit, et aux offices de Mme de Montausier, dame d'honneur de la Reine, elle suivit son projet sans douter de l'événement. Elle ne s'y est pas trompée : ses charmes et le temps détachèrent le Roi de La Vallière, et elle se vit maî-tresse déclarée. Le marquis de Montespan sentit son malheur avec toute la violence d'un homme jaloux. Il s'emporta contre sa femme ; il reprocha publique-ment à Mme de Montausier qu'elle l'avait entraînée dans la honte où elle était plongée. Sa douleur et son désespoir firent tant d'éclat qu'il fut contraint de sortir du royaume pour conserver sa liberté. Mme de Montespan eut alors toute la facilité qu'elle désirait, et son crédit n'eut plus de bornes. Elle eut un logement particulier dans toutes les maisons du Roi ; les conseils secrets se tenaient chez elle. La Reine céda à sa faveur comme tout le reste de la cour, et non seulement il ne lui fut plus permis d'ignorer un amour si public, mais elle fut obligée d'en voir toutes les suites sans oser se plaindre, et elle dut à Mme de Montespan les marques d'amitié et de douceur qu'elle recevait du Roi. Mme de Montespan voulut encore que La Vallière fût témoin de son triomphe, qu'elle fût présente et auprès d'elle à tous les divertissements publics et particuliers ; elle la fit entrer dans le secret de la naissance de ses enfants dans les temps où elle cachait son état à ses propres domestiques. Elle se lassa enfin de la présence de La Vallière malgré ses soumissions et ses souffrances, et cette fille simple et crédule fut réduite à prendre l'habit de carmélite, moins par dévotion que par faiblesse, et on peut dire qu'elle ne quitta le monde que pour faire sa cour.

2. PORTRAIT DU CARDINAL DE RETZ

Paul de Gondi, cardinal de Retz, a beaucoup d'élévation, d'étendue d'esprit, et plus d'ostentation que de vraie grandeur de courage. Il a une mémoire extraordinaire, plus de force que de politesse dans ses paroles, l'humeur facile, de la docilité et de la faiblesse à souffrir les plaintes et les reproches de ses amis, peu de piété, quelques apparences de religion. Il paraît ambitieux sans l'être ; la vanité, et ceux qui l'ont conduit, lui ont fait entreprendre de grandes choses presque toutes opposées à sa profession ; il a

suscité les plus grands désordres de l'État sans avoir
un dessein formé de s'en prévaloir, et bien loin de se
déclarer ennemi du cardinal Mazarin pour occuper
sa place, il n'a pensé qu'à lui paraître redoutable, et à
se flatter de la fausse vanité de lui être opposé. Il a su
profiter néanmoins avec habileté des malheurs
publics pour se faire cardinal ; il a souffert la prison
avec fermeté, et n'a dû sa liberté qu'à sa hardiesse.
La paresse l'a soutenu avec gloire, durant plusieurs
années, dans l'obscurité d'une vie errante et cachée.
Il a conservé l'archevêché de Paris contre la puissance du cardinal Mazarin ; mais après la mort de ce
ministre il s'en est démis sans connaître ce qu'il
faisait, et sans prendre cette conjoncture pour ménager les intérêts de ses amis et les siens propres. Il est
entré dans divers conclaves, et sa conduite a toujours augmenté sa réputation. Sa pente naturelle est
l'oisiveté ; il travaille néanmoins avec activité dans
les affaires qui le pressent, et il se repose avec non-
chalance quand elles sont finies. Il a une présence
d'esprit, et il sait tellement tourner à son avantage
les occasions que la fortune lui offre qu'il semble
qu'il les ait prévues et désirées. Il aime à raconter ; il
veut éblouir indifféremment tous ceux qui l'écoutent
par des aventures extraordinaires, et souvent son
imagination lui fournit plus que sa mémoire. Il est
faux dans la plupart de ses qualités, et ce qui a le
plus contribué à sa réputation, c'est de savoir donner
un beau jour à ses défauts. Il est insensible à la haine
et à l'amitié, quelque soin qu'il ait pris de paraître
occupé de l'une ou de l'autre ; il est incapable d'envie
ni d'avarice, soit par vertu ou par inapplication. Il a
plus emprunté de ses amis qu'un particulier ne
devait espérer de leur pouvoir rendre ; il a senti de la
vanité à trouver tant de crédit, et à entreprendre de

s'acquitter. Il n'a point de goût ni de délicatesse ; il s'amuse à tout et ne se plaît à rien ; il évite avec adresse de laisser pénétrer qu'il n'a qu'une légère connaissance de toutes choses. La retraite qu'il vient de faire est la plus éclatante et la plus fausse action de sa vie ; c'est un sacrifice qu'il fait à son orgueil, sous prétexte de dévotion : il quitte la cour, où il ne peut s'attacher, et il s'éloigne du monde, qui s'éloigne de lui.

3. REMARQUES SUR LES COMMENCEMENTS DE LA VIE DU CARDINAL DE RICHELIEU

Monsieur de Luçon, qui depuis a été cardinal de Richelieu, s'étant attaché entièrement aux intérêts du maréchal d'Ancre, lui conseilla de faire la guerre ; mais après lui avoir donné cette pensée et que la proposition en fut faite au Conseil, Monsieur de Luçon témoigna de la désapprouver et s'y opposa pour ce que M. de Nevers, qui croyait que la paix fût avantageuse pour ses desseins, lui avait fait offrir le prieuré de La Charité par le P. Joseph, pourvu qu'il la fît résoudre au Conseil. Ce changement d'opinion de Monsieur de Luçon surprit le maréchal d'Ancre, et l'obligea de lui dire avec quelque aigreur qu'il s'étonnait de le voir passer si promptement d'un sentiment à une autre tout contraire ; à quoi Monsieur de Luçon répondit ces propres paroles, que les nouvelles rencontres demandent de nouveaux conseils. Mais jugeant bien par là qu'il avait déplu au maréchal, il résolut de chercher les moyens de le perdre ; et un jour que Déageant l'était allé trouver pour lui faire signer quelques expéditions, il lui dit qu'il avait une affaire importante à communiquer à M. de Luynes, et qu'il souhaitait de l'entretenir. Le lendemain, M. de Luynes et lui se virent, où Monsieur de Luçon lui dit que le maréchal d'Ancre était résolu de le perdre, et que le seul moyen de se garantir d'être opprimé par un si puissant ennemi était de le prévenir. Ce discours surprit beaucoup M. de Luynes, qui avait déjà pris cette résolution, ne sachant si ce conseil, qui lui était donné par une créature du maréchal, n'était point un piège pour le surprendre et pour lui faire découvrir ses sentiments. Néanmoins Monsieur de Luçon lui fit paraître tant de zèle pour le service du Roi et un si grand attachement à la ruine du maréchal, qu'il disait être le plus grand ennemi de l'État, que M. de Luynes, persuadé de sa sincérité, fut sur le point de lui découvrir son dessein, et de lui communiquer le projet qu'il avait fait de tuer le maréchal ; mais s'étant retenu alors de lui en parler, il dit à Déageant la conversation qu'ils avaient eue ensemble et l'envie qu'il avait de lui faire part de son secret ; ce que Déageant désapprouva entièrement, et lui fit voir que ce serait donner un moyen infaillible à Monsieur de Luçon de se réconcilier à ses dépens avec le maréchal, et de se joindre plus étroitement que jamais avec lui, en lui découvrant une affaire de cette conséquence : de sorte que la chose s'exécuta, et le maréchal d'Ancre fut tué sans que Monsieur de Luçon en eût connaissance. Mais les conseils qu'il avait donnés à M. de Luynes, et l'animosité qu'il lui avait témoigné d'avoir contre le maréchal le conservèrent, et firent que le Roi lui commanda de continuer d'assister au Conseil, et d'exercer sa charge de secrétaire d'État comme il avait accoutumé ; si bien qu'il demeura encore quelque temps à la cour, sans que la chute du maréchal qui l'avait avancé nuisît à sa fortune. Mais, comme il n'avait pas pris les mêmes précautions envers les vieux ministres qu'il avait fait auprès de M. de Luynes, M. de Villeroy et M. le président Jeannin, qui virent par quel biais il entrait dans les affaires, firent connaître à M. de Luynes qu'il ne devait pas attendre plus de fidélité de lui qu'il en avait témoigné pour le maréchal d'Ancre, et qu'il était nécessaire de l'éloigner comme une personne dangereuse et qui voulait s'établir par quelques voies que ce pût être : ce qui fit résoudre M. de Luynes à lui commander de se retirer à Avignon. Cependant la Reine mère du Roi alla à Blois, et Monsieur de Luçon, qui ne pouvait souffrir de se voir privé de toutes ses espérances, essaya de renouer avec M. de Luynes et lui fit offrir que, s'il lui permettait de retourner auprès de la Reine, qu'il *(sic)* se servirait du pouvoir qu'il avait sur son esprit pour lui faire chasser tous ceux qui lui étaient désagréables et pour lui faire faire toutes les choses que M. de Luynes lui prescrirait. Cette proposition fut reçue, et Monsieur de Luçon, retournant, produisit l'affaire du Pont-de-Cé, en suite de quoi il fut fait cardinal, et commença d'établir les fondements de la grandeur où il est parvenu.

4. [LE COMTE D'HARCOURT]

Le soin que la fortune a pris d'élever et d'abattre le mérite des hommes est connu dans tous les temps, et il y a mille exemples du droit qu'elle s'est donné de mettre le prix à leurs qualités, comme les souverains mettent le prix à la monnaie, pour faire voir que sa marque leur donne le cours qu'il lui plaît. Si elle s'est servie des talents extraordinaires de Monsieur le Prince et de M. de Turenne pour les faire admirer, il paraît qu'elle a respecté leur vertu et que, tout injuste qu'elle est, elle n'a pu se dispenser de leur faire justice. Mais on peut dire qu'elle veut montrer toute l'étendue de son pouvoir lorsqu'elle choisit des sujets médiocres pour les égaler aux plus grands hommes. Ceux qui ont connu le comte d'Harcourt conviendront de ce que je dis, et ils le regarderont comme un chef-d'œuvre de la fortune, qui a voulu que la postérité le jugeât digne d'être comparé dans la gloire des armes aux plus célèbres capitaines. Ils lui verront exécuter heureusement les plus difficiles et les plus glorieuses entreprises. Les succès des îles Sainte-Marguerite, de Casal, le combat de la Route, le siège de Turin, les batailles gagnées en Catalogne, une si longue suite de victoires étonneront les siècles à venir. La gloire du comte d'Harcourt sera en balance avec celle de Monsieur le Prince et de M. de Turenne, malgré les distances que la nature a mises entre eux ; elle aura un même rang dans l'histoire, et on n'osera refuser à son mérite ce que l'on sait présentement qui n'est dû qu'à sa seule fortune.

Table

IMPRIMÉ EN UNION EUROPÉENNE
le 27-07-1995
B/098-94 — Dépôt légal, Juillet 1994